AF606351

CATARATA

JOSÉ MARÍA PEREDO POMBO

Catedrático de Comunicación y Política Internacional de la Universidad Europea. Vicedecano de Comunicación y Marketing. Analista y colaborador del IEEE. Académico correspondiente de la Academia de la Diplomacia y codirector de la Cátedra de Seguridad Euroatlántica de la Universidad Europea y la Asociación Atlántica Española. Sus principales líneas de investigación son la política exterior de Estados Unidos, la comunicación política internacional, la cooperación española y el orden internacional. Es autor de varios libros y artículos científicos. En Los Libros de la Catarata ha publicado *Esto no va de Trump* (2020).

José María Peredo Pombo

Orden mundial

GEOPOLÍTICA, TENDENCIAS Y ESTRATEGIAS

COLECCIÓN INVESTIGACIÓN Y DEBATE

LA PUBLICACIÓN DE ESTE LIBRO HA CONTADO CON UN APOYO A LA EDICIÓN DE LA ASOCIACIÓN ATLÁNTICA ESPAÑOLA Y LA UNIVERSIDAD EUROPEA DE MADRID.

FUENCARRAL, 70
28004 MADRID
TEL. 91 532 20 77
WWW.CATARATA.ORG

ORDEN MUNDIAL.
GEOPOLÍTICA, TENDENCIAS Y ESTRATEGIAS

ISBN: 978-84-1067-105-8
DEPÓSITO LEGAL: M-18.925-2024
THEMA: JPSL

A mi madre

ÍNDICE

PRÓLOGO

El profesor José María Peredo ha escrito este libro sobre la historia y la realidad actual de las relaciones internacionales, con el sugerente título de *Orden mundial. Geopolítica, tendencias y estrategias*, que la Asociación Atlántica Española coedita, siguiendo la línea de pensamiento que caracteriza toda su obra. Lo hace, además, en un momento en que la necesidad de reflexionar sobre las relaciones internacionales y su devenir, con renovada perspectiva, es acuciante para fundar y dar cobertura teórica a la acción práctica capaz de abordar eficazmente el complejo e inestable momento del cambio de era al que asistimos. A favor, precisamente, de la estabilidad que el mundo necesita para seguir avanzando.

El libro que me cabe el honor de prologar se caracteriza por que es un texto claro, incisivo y sugerente. Alejado de los excesos academicistas, que en tantas ocasiones hacen impenetrable y penosa la lectura, pero sin renunciar por ello al imprescindible rigor intelectual. Esta obra condensa la historia de las relaciones internacionales y se conecta con el aparato conceptual que nos permite entenderlas y explicarlas. Solo por eso, la lectura de esta obra merecerá ya la pena para quienes deseen acercarse a este mundo apasionante. Pero hay también algo más, lo más difícil en un libro de esta naturaleza, la proyección de las ideas en eventuales y atinadas líneas de solución.

Me limitaré a transcribir aquí, aun a riesgo de revelar el desenlace de la trama, el último párrafo de lo escrito por el profesor Peredo, que provoca, creo, avidez por la lectura completa de su obra, y que dice así:

> Por último, la implicación de sectores privados como universidades y centros de investigación, como empresas y grandes corporaciones, así como un denominado tercer sector [...] es una exigencia para la construcción de un orden global. Las tendencias referidas en este trabajo como la sostenibilidad, el respeto por la diversidad, la cooperación educativa y sanitaria, y la necesaria protección de los bienes comunes, obligan a una acción compartida con objetivos estratégicos. La obtención del máximo beneficio corporativo, la acumulación especulativa de capital y la defensa de los intereses nacionales de forma autónoma, así como la imposición de ideologías totalitarias son tendencias heredadas de idearios y sistemas de valores procedentes de etapas históricas anteriores. Un nuevo orden global implica la puesta en marcha de planteamientos que reconozcan la existencia de un proyecto de convivencia para la humanidad, que impacte en todas las culturas, con criterios de equidad y con respeto a sus creencias. Que incida en cada persona, reconocida como libre e igual en los sistemas políticos liberales, y respetada en su dignidad en cualquier otro sistema.

La Alianza Atlántica cumple en 2024 75 años de existencia. La difusión de sus valores es el objetivo de la Asociación Atlántica Española, misión divulgativa que venimos desarrollando a través de numerosas actividades, entre las que se cuenta la Cátedra de Seguridad Euroatlántica, impulsada junto con la Universidad Europea de Madrid y de Valencia, y el Instituto Español de Estudios Estratégicos, encuadrado en el Centro Superior de Estudios de la Defensa Nacional. Es por eso que, en la búsqueda de enriquecer la conversación pública y académica, hemos decidido coeditar la obra del profesor Peredo que aporta una visión actual sobre el estado de la cuestión desde el plano de las relaciones internacionales, por no decir de la diplomacia que tanto nos atañe.

El autor recoge en su libro una descripción cuantificada de las crueles consecuencias de la Segunda Guerra Mundial. El objetivo es, lo ha sido siempre, conseguir unas relaciones internacionales humanas, estables y constructivas, prevenir la guerra, evitarla siempre que sea posible y, si nos visita con su incivilidad, su sinrazón y su degradación, combatir con dignidad y honor en defensa de los valores que merecen la pena, en resumen, la vida y la libertad de todos. Esa parte del libro me ha recordado las palabras de Masha Kaléko, recién leídas en la última obra de Francisco Uzcanga Meinecke, *La simbiosis imposible. Escritores judíos en la Alemania de entreguerras* (2024), que dicen así: "Ya no tenemos amigos en el mundo, solo Dios" y exclama a continuación, "Dios, tú nos has dado el mundo tal como es. / Añade, por favor, la conciencia moral que no fue suministrada en su día".

El libro del profesor Peredo no es, como no lo es ningún libro, la solución definitiva, pero puede ayudarnos a conservar el sentido, que es de lo que se trata.

ADOLFO MENÉNDEZ MENÉNDEZ
Presidente de la Asociación Atlántica Española

PREFACIO

Cuando terminé de leer el libro del historiador J. Lewis Gaddis, *On Grand Strategy* (2018), me quedé un tanto asombrado. Un buen relato sorprende por la sencillez de lo que se dice y por la complejidad del significado de lo que se dice. Los relatos que asombran despiertan el interés al leerlos, pero, al finalizar su lectura, lo trascienden en distintos sentidos. La historia entendida como un marco de referencia desborda la sincronía de los hechos y conforma un espacio de interpretación estratégica. No aporta la verdad sobre el presente, sino un asombroso relato para comprender mejor las tendencias del futuro.

Mi primer departamento en la Universidad Europea de Madrid fue el de Historia. Allí coincidí con profesores a quienes la vida nunca me ha permitido olvidar. Para el historiador Manuel Morán, el establecimiento de un marco para la comprensión del presente no era el objetivo prioritario de la historia, aunque el servir para tal fin sí pudiera considerarse como una de sus funciones. También el catedrático de la Universidad Complutense de Madrid, Rafael Calduch, reconoce que la historia es un instrumento esencial para el estudio de las relaciones internacionales.

La observación de la historia y de la acción política puede derivar en la delimitación de una visión estratégica. Que, por serlo, tendría que ser necesariamente integral, aunque no fuera necesariamente concluyente. El pensamiento estratégico puede asombrar, e incluso provocar desconcierto. Porque la complejidad no se resuelve mediante una solución exacta, sino a través de un planteamiento lo suficientemente complejo como para poder resolverse con razonamientos sencillos.

La metáfora del zorro y el erizo, que Gaddis toma prestada de Isaiah Berlin, y cuyo origen se remonta al poeta Arquiloco (siglo VII a. C.), podría, tal vez, resolverse así: si el puercoespín se encierra en su esfera de púas, el zorro no puede vencerle; si el zorro le hostiga con sus tácticas versátiles, el erizo no puede defenderse y al mismo tiempo sobrevivir. La estrategia del puercoespín no puede consistir únicamente en cerrarse porque sucumbe. Y el zorro no puede insistir hasta agotarse, buscando la manera de que el puercoespín se desproteja y se abra. La estrategia no consiste en devorar o sucumbir. Consiste en sobrevivir. En alimentarse mientras el otro se alimenta de distinta manera. Si el zorro y el erizo establecen como única posibilidad la de vencer al rival, fracasan. La moraleja podría ser que una estrategia puede fracasar en un marco predeterminado y, sin embargo, puede evolucionar satisfactoriamente ante uno impredecible.

La configuración de un orden a partir de una estrategia no consiste en vencer a un rival. Porque el objetivo final no es la victoria, sino el dominio estratégico del orden. Cuando el orden es complejo, su dominio es improbable. Por consiguiente, el objetivo estratégico no tiene que ser la dominación de la complejidad, sino, sencillamente, su comprensión.

1. INTRODUCCIÓN

En las relaciones internacionales, el concepto de orden tiene una doble fundamentación basada en dos interpretaciones distintas sobre la naturaleza de las propias relaciones entre actores internacionales. Por un lado, el orden es una idea que se asocia a la naturaleza convulsa de las relaciones entre Estados, tendentes a enfrentarse y colisionar en sus intereses cuando el ámbito interno de las soberanías estatales, regulado mediante leyes e instituciones políticas, es desbordado por la acción exterior de los Gobiernos o por la dinámica de intercambios sociales, económicos o culturales. En ese ámbito o espacio distinto, el internacional, es necesario un orden que se conforme mediante una serie de relaciones de poder ejercidas a través de la fuerza o la influencia de los actores más poderosos, las potencias, y los acuerdos alcanzados entre ellas, que acepta, o a los que se incorpora, el resto de los actores de menor envergadura.

Por otro lado, el orden es una idea que parte de la necesidad de construir un marco de regulaciones e instituciones para armonizar las relaciones multidimensionales que se producen a partir del incremento de flujos transnacionales, y que desbordan los límites jurisdiccionales y territoriales de las soberanías nacionales. Este marco o régimen internacional se construye a partir de los acuerdos alcanzados por las potencias, pero en su desarrollo entran a formar parte las grandes empresas y corporaciones, y las organizaciones internacionales, gubernamentales o no, que actúan como actores con competencias para el diseño y la adecuación del ordenamiento a la dinámica de las relaciones y las tendencias dominantes.

En el primer caso, el elemento determinante es el poder, económico, militar y cultural, de las grandes potencias o de una potencia dominante y, por consiguiente, el interés de cada una. Y en el segundo, lo determinante es el marco político-regulatorio aceptado por los principales actores. Pero, en ambos casos, el orden internacional responde a una interpretación común en torno a la diferencia existente entre lo interno y lo externo en el marco de la sociedad internacional construida sobre la base de Estados soberanos a partir de la Edad Moderna. La otra interpretación, también coincidente en ambas visiones, en torno a la necesidad de armonizar un entorno que bien por su naturaleza conflictiva o bien por su progresiva complejidad genera incertidumbre y amenaza la estabilidad entre los actores estatales, pero también en otros no estatales (individuos, grupos sociales, empresas).

La primera visión se asocia tradicionalmente al realismo político y a los planteamientos más conservadores en las teorías de las relaciones internacionales. El orden es una respuesta legitimada desde el consenso, o por la fuerza coercitiva, frente a la anarquía, que se sostiene en un entorno que no está legitimado por una soberanía política. Y la segunda se asocia al internacionalismo liberal y a una perspectiva, en su origen histórico más idealista, donde la complejidad, no la anarquía, puede ser administrada por un conjunto de normas e instituciones mediante la adecuación de los intereses a un marco de acuerdos, tutelado por la fuerza coercitiva de los principales actores. En el primer caso, la posibilidad de construir un orden dependería del equilibrio de poder previo entre las principales potencias y no podría configurarse sin el entendimiento previo de la conducta de estos actores en sus relaciones mutuas. El segundo se fundamenta en la convicción de que la cooperación entre los actores internacionales es posible porque los propios actores consideren previamente que todos ellos forman parte de un proyecto compartido o de una comunidad de objetivos, para cuya consecución la existencia de un orden es condición necesaria.

Pudiera decirse que el objetivo prioritario de la visión realista es el mantenimiento de la paz, la reducción del conflicto o la limitación del uso de la fuerza a partir de una estabilización del espacio internacional que permita el desarrollo de los intereses de los actores. Y que el objetivo de los liberales es la armonización de ese ámbito de normas y acuerdos de seguridad y de cooperación internacional, para que el progreso generado por la interrelación de intereses propicie el desarrollo de unas relaciones, interestatales y transnacionales, más pacíficas y mejor reguladas. Algo muy similar, en definitiva, y que no parece tan divergente como lo ha pretendido históricamente significar la propia teoría de las relaciones internacionales. Porque, aunque los realistas y neorrealistas den prioridad al poder y las capacidades de los actores con mayor potencia, mientras los liberales prioricen a los intereses comunes como el motor de una dinámica de cooperación beneficiosa para todos de forma conjunta, aunque también particularmente para cada uno de ellos, el orden representará un marco de estabilidad y predictibilidad necesario para desarrollar unas relaciones armónicas y sostenibles.

Una tercera interpretación para introducir la cuestión es aquella que considera que el orden es una idea consustancial a cualquier sociedad para que esta pueda pervivir. Es decir, sin un orden producido a través de normas o de otras fórmulas de conducta o comportamiento que son aceptadas en su conjunto como garantes de la convivencia, la sociedad no puede generar las interacciones que la permiten subsistir. Y, por consiguiente, la sociedad internacional necesita generar un orden de esa naturaleza para que su dinámica de contacto e interrelación se produzca. Este sería el planteamiento de partida utilizado por Hedley Bull[1], referente de la denominada Escuela Inglesa de las relaciones internacionales. Según esta visión, el orden es la estructura de acuerdos y reglas que, partiendo de la distribución de poder entre las principales potencias, se asumen para construir una dinámica de relaciones basada en una serie de objetivos esenciales para una coexistencia común, que de manera general son el objetivo de la seguridad frente a la violencia; el objetivo de fundamentar las relaciones sobre el principio del respeto por los compromisos alcanzados; y el objetivo de salvaguardia de la propiedad en algún grado.

Pero la idea de un orden distinto al orden interno legitimado en entidades soberanas, y que se reproduce en una esfera o espacio distinto, no regulado por las leyes de cada entidad sino establecido a partir de las relaciones de enfrentamiento o cooperación entre ellas o entre algunas de ellas, es una realidad que precede a la Edad Moderna y encuentra similitudes en distintas épocas y civilizaciones. Y por estas dos razones cualquier aproximación a una propuesta para la creación de un nuevo orden, o para la reforma y adaptación de un orden existente a las nuevas circunstancias y tendencias históricas, debe partir de dos consideraciones previas. La primera, de carácter teórico, para precisar convenientemente las características del nuevo orden en función de lo coincidente y lo divergente entre los principales actores en términos estratégicos. Y la segunda, de naturaleza histórica, para encontrar

1. Bull, H. *The Anarquical Society*, Macmillan International and Red Globe Press, Reino Unido, 2019, cuarta edición.

argumentos que adviertan sobre las debilidades e imperfecciones de órdenes anteriores y que confirmen los parámetros sobre los cuales se construyeron las experiencias de éxito en el pasado.

La política tiende a infravalorar la experiencia histórica y la historia, por su parte, tiende a sobrevalorar el determinismo del pasado frente a las tendencias dominantes, algunas de las cuales, como pueden ser los nuevos valores sociales o la disrupción tecnológica, son capaces de concebir un entorno que, aun siendo similarmente complejo, es distinto en sus tiempos y motivaciones. El objetivo del presente trabajo es profundizar en el concepto de orden internacional y, a partir de esta reflexión, establecer diferencias entre los paradigmas del pasado y del presente, para ayudar a concebir una visión estratégica de mayor y más largo recorrido. Pretensión que naturalmente desborda la competencia del autor, aunque quizá no desborde la de algunos lectores.

2. CONCEPTO DE ORDEN

Orden es un término polisémico, con muy distintos significados aplicables a áreas de conocimiento diversas, algunas de las cuales están directamente integradas en ámbitos de conocimiento de las relaciones internacionales como pueden ser la política exterior, el entorno militar, el derecho o la propia filosofía. Y también en otras esferas del saber con menor vinculación, o sin vinculación directa, con la política internacional como, por ejemplo, la religión o la biología. Etimológicamente el término procede del latín *ordo* y significa 'ordenar'. Pero filosóficamente, en la tradición griega, el concepto de orden tiene un sentido mitológico originario, que se contrapone al caos prexistente en el universo que necesita de una ordenación, divina en el caso de la tradición judeocristiana, donde el orden se identifica con el entendimiento mediante la racionalidad del plan divino regido por una serie de valores, criterios y mandatos que permiten al ser humano entenderlo y desarrollarlo. Así, dice el Génesis: "La tierra estaba sin orden, vacía, las tinieblas sobre la faz del abismo", o el Deuteronomio: "Los mandamientos que yo os ordeno".

La categorización de distintos órdenes biológicos y naturales, identificados por la razón y la ciencia, permite la clasificación de los seres vivos, ordenados según sus características. E igualmente, el concepto de orden llega al ámbito de la estructuración social, y así, el conflicto de los órdenes en la República romana abre el camino histórico a la representación política del estamento plebeyo a partir de la Ley de las Doce Tablas. Tal y como señala Mary Beard en su obra *SPQR: a History of ancient Rome*, "the Latin word *ordo* meaning, among other things, 'social rank'"[2].

La ordenación de la esfera social y de la representación pública incorpora la idea de ordenar la sociedad mediante las leyes civiles, lo que nos permite observar la relación estrecha entre ordenación y regulación, es decir, entre la clasificación de un conjunto de derechos y obligaciones y su plasmación en códigos para poner en orden las leyes, adecuadas a las distintas exigencias históricas y sancionadas por instituciones legítimas que hacen cumplir las normas. Poner orden a la *res publica* es un exponente de la vinculación conceptual entre ordenación y regulación que luego tomará forma en los ordenamientos jurídicos.

La acepción más común del término *orden* es, por tanto, la de ordenar objetos y sujetos mediante una clasificación racional (científica) y la de establecer una estructura normativa jerarquizada, que sea aceptada y respetada (aunque el carácter polisémico del término abre el campo a otras acepciones). Así lo ordinario, perteneciente al orden común, se refiere a las actividades comunes frente a lo extraordinario que se sale de lo habitual. Mientras la expresión de estar todo en orden encierra un significado de normalidad y tranquilidad. El orden alfabético articula la lengua desde su base, y el ordinal la numeración. Y los seres vivos pertenecen a un orden, al igual que las personas y los grupos sociales en las sociedades estamentales. En la

2. "La palabra latina *ordo* significa, entre otras cosas, 'rango social'". Beard, A. *SPQR: a History of ancient Rome*, Profile Books LTD, Londres, 2015, p. 146.

Iglesia católica, por ejemplo, se configuran distintas órdenes, sujetas a una regla o conjunto de preceptos.

Bull considera que el orden social está conectado con la idea de conformidad del comportamiento humano con una serie de normas de conducta, que pueden estar recogidas en unas leyes, aunque no siempre sea necesario. Pero, en cualquier caso, el orden social implica la obediencia u observación de esas normas de conducta o de esas leyes.

La polisemia vuelve a aparecer en el acto de ordenar. En el estamento militar y en los órganos de gobierno y jurisdiccionales se emiten y dictan órdenes. La orden es un mandato imperativo y sujeto a una jerarquía institucional que lo hace irrevocable. Y, por tanto, se vincula con la capacidad de ejercer el poder. De tal manera se asocia la idea de orden al ejército, la judicatura o a los órganos de gobierno, que el término se traslada en nuestra cultura a una idea que no solo identifica el poder institucionalizado, sino también a una interpretación más popular del poder, donde no solo la autoridad legitimada para tal fin da una orden, sino que una orden puede proceder de quien tiene algún tipo de poder frente a un subordinado o determinado por la decisión del que manda. Orden y poder son igualmente dos conceptos cercanos: el orden se establece mientras el poder se posee y se ejecuta. Quien mantiene el orden es la autoridad a través de sus órganos competentes. Quien da la orden es aquel con potestad para mandar.

Con este breve recorrido, sin ambición académica, se busca relacionar la complejidad de determinar lo que significa el concepto de orden internacional con la complejidad semántica del propio término que se utiliza para ello. Vamos ahora a profundizar en el concepto en sí mismo para observar cómo las dificultades semánticas se reproducen en su seno.

Siguiendo con el argumento de la introducción, la escuela o, mejor dicho, la perspectiva realista concibe al orden internacional como un conjunto de acuerdos entre los actores con poder y capacidad de actuación en defensa de sus intereses sobre ese ámbito abierto que escapa a las soberanías. Es por tanto un marco jurídico y político entre naciones, entre grandes naciones, y por consiguiente un ámbito circunscrito a la acción y decisión de los órganos de los Estados o de las organizaciones internacionales establecidas por estos; fundamentalmente, los Gobiernos y sus representantes diplomáticos, los ejércitos bajo su mando, y los organismos internacionales habilitados para la acción y decisión sobre determinadas cuestiones, como pueden ser la seguridad o el crédito. El ordenamiento de ese entorno distinto lo elaboran, por tanto, los representantes designados por los Gobiernos, los juristas especializados, en ocasiones militares con un mandato legitimado y limitado, la actuación diplomática para su preparación y observación o los propios mandatarios estatales. Y, naturalmente, los firman y sancionan las autoridades competentes. Los acuerdos comerciales y los tratados de paz o territoriales, los más habituales, pasan a conformar el orden internacional, regulado a través del derecho internacional, promovido por las grandes potencias y vigilado por su poder político y coercitivo.

En este sentido, Henry Kissinger define el orden como "a set of commonly accepted rules that define the limits of permissible action and a balance of power that enforces restraint where rules break down, preventing one political unit from subjugating all others"[3]. Lo cual significa que su concepción del orden es la de un gran acuerdo entre potencias que se comprometen, gracias a un estatus de equilibrio de poder entre ellas, a limitar y desarrollar sus acciones dentro del marco establecido. El orden está soportado por una posición o estructura de poder que está en un equilibrio aceptable, que se considera imprescindible

3. "Un conjunto de reglas comúnmente aceptadas que definen los límites de la acción permisible y un equilibrio de poder que impone restricciones cuando las reglas fallan, evitando que una unidad política subyuga a todas las demás". Kissinger, H. *World Order*, Penguin Press, Nueva York, 2014.

y que resulta beneficioso para el conjunto de la sociedad internacional. Este conjunto de acuerdos o reglas de comportamiento puede estar promovido por el poder hegemónico de una gran potencia o de una potencia regional en un entorno limitado. Aunque algunos autores neorrealistas como Keneth Waltz consideran que en ese caso "an imbalance of power, by feeding the ambition of some states to extend their control, may tempt"[4], y que, por tanto, la búsqueda del equilibrio es siempre necesaria para el mantenimiento del orden y en líneas generales para la conformación de cualquier sistema de Estados.

La escuela liberal concibe de manera más amplia la idea de un orden internacional que se construye también a partir de un conjunto de acuerdos y de las capacidades de los actores para imponer sus criterios y hacer valer sus intereses en ese ámbito diferenciado de las soberanías internas estatales. La cuestión es que ese orden es de naturaleza ideal o aspiracional, y es a su vez dinámico, ya que se conforma como un proceso de creación de normas e instituciones, generadoras de estabilidad y progreso en el conjunto de la sociedad. El orden internacional regula lo conocido, pero al mismo tiempo prevé un conjunto de circunstancias que van a transformar la realidad en otra que aún no se conoce. Digamos que observa e incorpora las tendencias dominantes en el entramado de acuerdos e instituciones y busca a otros actores no gubernamentales, empresas, expertos o líderes sociales para que confirmen la conveniencia de las propuestas.

John Ikenberry define de forma sencilla el orden internacional como "governing arrangements among a

4. "Un desequilibrio de poder, al alimentar la ambición de algunos Estados de ampliar su control, puede tentar". Waltz, K.N. *Theory of international politics*, Addison-Wesley, Reading (Massachusetts), 1979, p. 132.

group of states, including is fundamental rules, principles, and institutions"[5]. Si los órdenes basados en el equilibrio de poder o en el poder hegemónico de un actor se fundamentan en la distribución de poder, el orden al cual Ikenberry denomina constitucional se basa en las normas que los actores comparten, promueven y explicitan en los acuerdos que se producen en torno a ese orden internacional de convivencia. Su definición más precisa del orden liberal lo explica de este modo: "Broadly speaking the liberal order refers to an order that is relatively open, ruled bassed and progressive, and include elements such us open markets, international institutions, cooperating secutity, democratic community, prgressive change, collective problems solving, shared sovereignity and the rule of law"[6].

Por destacar un ejemplo sobre la creación de un orden generador de un proceso de cambio podemos utilizar la creación de Naciones Unidas y el sistema de Bretton Woods, que significó un gran acuerdo para estabilizar la posguerra, dinamizar y financiar la reconstrucción y armonizar las relaciones de la nueva sociedad internacional. Aunque se creó con el objetivo de evitar la reproducción de experiencias tan devastadoras como lo fue la Segunda

5. "El conjunto de acuerdos entre un grupo de Estados, que incluye las reglas, principios e instituciones necesarias para su creación y desarrollo". Ikenberry, G. J. citado en Lascurettes, K. y Poznansky, M. "International Order in theory and practice" en *International Studies Association and Oxford University Press*, 2021, p. 14, disponible en https://lc.cx/3t56qw. Todos los enlaces del libro han sido consultados en julio de 2024.

6. "En términos generales, el orden liberal se refiere a un orden que es relativamente abierto, basado en reglas y progresista, e incluye elementos tales como mercados abiertos, instituciones internacionales, seguridad cooperativa, comunidad democrática, cambio progresivo, resolución colectiva de problemas, soberanía compartida y el Estado de derecho". Ikenberry, G. J. *Liberal Leviathan: the origins, crisis and transformation of the American world order*, Princeton University Press, Princeton, 2011, p. 24.

Guerra Mundial, en el entramado institucional también se incorporaron organismos para tutelar y ordenar las situaciones novedosas que pudieran producirse como serían, finalmente, las generadas en los procesos de descolonización. La ola descolonizadora, iniciada tras la Gran Guerra, es observada por la nueva organización y distintos actores no gubernamentales, además de por los Estados miembros, algunos de los cuales iban a verse afectados por estos procesos. Se conforma entonces un orden internacional conducente a la creación de una sociedad de Estados independientes con un reparto y delimitación soberana del mapa territorial. Históricamente, la ordenación de tales procesos fracasó en múltiples regiones, sujeta a la acción de las grandes potencias dominantes y viéndose alterada por otros fenómenos y tendencias coincidentes en la época. Sin embargo, el orden propuesto tuvo la consecuencia generalizada de su implantación a través de los distintos procesos de independencia.

La dificultad para concebir un orden y sus elementos tiene por consiguiente una raíz conceptual, el qué queremos decir cuándo nos referimos a él, y una segunda raíz de carácter estratégico, el qué queremos conseguir a partir de él. Mucho más profunda, en este segundo caso, que lo reflejado en esta breve reflexión, porque las dos principales escuelas a las que nos hemos referido (realista y liberal) no integran, ni cierran, la pluralidad de interpretaciones sobre la cuestión. Estas van desde los planeamientos de las ideologías totalitarias, para las cuales el orden internacional tenía un objetivo rupturista y transformador de la totalidad de la sociedad, hasta los más cercanos planteamientos constructivistas, que promueven la deconstrucción del orden social y político para su posterior reconstrucción en base a políticas y cambios que se pretenden aglutinar para diseñar una sociedad nueva y radicalmente distinta. Vamos por tanto a profundizar en el análisis teórico y conceptual del orden internacional.

2.1. VISIONES SOBRE EL CONCEPTO DE ORDEN INTERNACIONAL

Para solventar la primera dificultad, la conceptual, vamos a partir de cuatro interpretaciones distintas sobre el concepto de orden internacional, y vamos a trasladar a la actualidad el concepto a partir de esas interpretaciones para ver si la idea contemporánea de concebir un denominado orden en una sociedad internacional de Estados tiene sentido, en un análisis apriorístico, en un entorno mundial o una sociedad globalizada como es la del siglo XXI.

Considerando el hecho previo de la existencia de una sociedad internacional de Estados, Bull explica el significado de orden internacional como "a partner or disposition of international activity that sustains those goals of the society of states that are elementary, primary or universal"[7]. Es decir, el orden es un entramado de normas, fuerzas e instituciones que generan un comportamiento y dinámicas de actuación entre los actores orientadas a preservar los fundamentos sobre los que se sostiene la estabilidad de sus relaciones y aquellos principios en los que basan esas relaciones. Y que, según el autor, son la propia conservación del sistema, a veces liderado por un actor dominante y en ocasiones abierto a la entrada de nuevos Estados o actores no estatales; el mantenimiento y respeto de las soberanías estatales; la promoción de la paz y de la seguridad; la limitación de la violencia; el compromiso de cumplir con los acuerdos y compromisos; y la estabilidad de la posesión y la propiedad pública o privada.

Aunque las perspectivas de la Escuela Inglesa que Bull representa se asocian, de forma más amplia, con las doctrinas estructuralistas del internacionalismo solidario,

7. "Un socio o disposición de la actividad internacional que sostiene aquellos objetivos de la sociedad de los Estados que son elementales, primarios o universales". *Op. cit.* en cita 1, p. 16.

que algunos teóricos posestructuralistas y constructivistas también denominan en la actualidad solidarismo global, la reflexión de Bull refleja una interpretación originariamente liberal. El orden procede de unos principios compartidos que proponen unos Estados, pero que pueden considerarse como principios extrapolables o asumibles por otros actores en un ámbito de extensión progresivo. El autor también reconoce la idea de un orden mundial que estaría definido por aquellos patrones o disposiciones de la actividad humana que sustentan los objetivos elementales o primarios de la vida social entre la humanidad en su conjunto: "World order is wider than international order because the ultimate units of the great society of all mankind ate not states (or nations, tribes, empires, classes or parties) but individual human beings"[8].

Pero el concepto de orden internacional al que se refiere Bull es, en definitiva, un orden que se produce o establece en el marco de la política mundial y, en este segundo sentido, podría denominarse indistintamente internacional o mundial. Aunque sus características y elementos dependerán de las características y principios que tenga la sociedad internacional que se pretenda salvaguardar, la cual, tal y como el autor explora en la segunda parte de su obra, podrá reformarse o incluir nuevos elementos, actores y principios, según sea la evolución de la distribución de poder entre los principales protagonistas y según marquen las tendencias (demográficas, tecnológicas, armamentísticas) en un futuro.

La visión del presidente Wilson precedió a la Escuela Inglesa y estuvo condicionada por distintas tendencias históricas, filosóficas y políticas del principio del siglo XX.

8. "El orden mundial es más amplio que el orden internacional porque las unidades últimas de la gran sociedad de toda la humanidad no se componen de Estados (o naciones, tribus, imperios, clases o partidos), sino de seres humanos individuales". *Op cit.* en cita 1, p. 19.

Para Wilson, la situación histórica que propicia el nacimiento del nuevo orden internacional, en realidad el primero que se puede denominar como tal, es el final de la Primera Guerra Mundial, tras la colisión del sistema europeo de grandes potencias imperiales que dividía el mundo en, al menos, dos categorías de territorios, soberanos y coloniales, y que no reconocía las aspiraciones nacionales de una parte significativa de pueblos y minorías. La conflagración mundial puso de manifiesto la debilidad de algunos de estos imperios, consolidó el camino de las reivindicaciones nacionalistas y abrió la puerta de la praxis a las ideologías internacionalistas, algunas de ellas, como lo fue el comunismo, totalitarias. Entre ellas también el propio internacionalismo liberal que cobró fuerza en Estados Unidos, cuya intervención en los asuntos internacionales se consolidó en 1918, después de una progresiva integración norteamericana en la dinámica de potencias, iniciada durante la última década del siglo XIX a partir de su victoria frente a España en el Pacífico y el Caribe (1898), y posteriormente con su mediación en el conflicto ruso-japonés (1905), o con las intervenciones en China (1905) y Panamá (1914). Política exterior que siguió la senda también internacionalista del presidente republicano Theodore Roosevelt (1901-1909), que impulsó la creación de una gran armada y concibió a Estados Unidos, desde una perspectiva realista, como una potencia transoceánica equiparable a la británica, con capacidad de contribuir al mantenimiento del equilibrio, dominadora en el hemisferio occidental, y que debía defender sus intereses en un entorno mundial competitivo: "Human values would be best preserved by the geopolitical success of liberal countries in pursuing their interests"[9].

9. "Los valores humanos se preservarían mejor si los países liberales tuvieran éxito geopolítico en la defensa de sus intereses". Cita de Theodore Roosevelt recogida en *op. cit.* en cita 3, p. 254.

La aparición del denominado nuevo orden propuesto por Wilson representa el inicio de esta definición conceptual en la historia de las relaciones internacionales. La creación de la Sociedad de Naciones significó la primera materialización de una institución desde la cual se preveía desarrollar un amplio entramado de relaciones planteado a partir del fracaso colectivo que significó la Gran Guerra. Sin embargo, la complejidad de la posguerra y los múltiples desacuerdos entre las potencias y en las propias visiones sobre la política internacional en Estados Unidos impidieron un avance en la construcción del nuevo sistema. Del nuevo orden solo quedó su nombre en el periodo de entreguerras.

El idealismo wilsoniano podría considerarse como un fruto tardío de la Ilustración, que floreció antes de que los totalitarismos hicieran su aparición. Y la convicción liberal e internacionalista del presidente demócrata estadounidense le hizo creer que el orden de las grandes potencias europeas había conducido al caos, por la ausencia de valores compartidos y la abundancia de intereses legítimos e ilegítimos contrapuestos. El orden internacional, según él, es el fundamento de una comunidad de poder, consecuencia de la hecatombe producida por la Gran Guerra que se establecería con el objetivo de que los pueblos alcanzaran un estatus de representación igualitaria, gracias al desarrollo de las libertades políticas y de su libre determinación. El concepto de orden se basaba en unos principios y valores poscoloniales que el conjunto de potencias (vencedoras), a las cuales unía dicha comunidad de valores, proyectarían y habilitarían en un marco más abierto y complejo como era el de una nueva sociedad internacional, reorganizada territorialmente y con instituciones comunes. El nuevo orden se construye a partir de unos valores, los liberales en el caso de la propuesta wilsoniana, cuya aspiración y materialización derivan en la construcción de un entorno de progreso y entendimiento entre los distintos pueblos y Estados.

Henry Kissinger no descarta en sus análisis la validez conceptual del orden[10]. Lo que asegura es que un orden de carácter mundial, es decir, que se haya establecido en un ámbito integral y universalizado de las relaciones internacionales, no ha llegado a existir. El exsecretario de Estado estadounidense reconoce la existencia de órdenes regionales a partir de la Edad Moderna, pero no de un poder que haya armonizado la convivencia mundial a partir del establecimiento de un sistema institucionalizado y con capacidad coercitiva. De esta manera, Kissinger considera que un orden mundial es factible si se concibe como un acuerdo basado en el equilibrio entre las grandes potencias, donde la virtud de la potencia más influyente, o de las potencias dominantes, sea la de construir un marco de estabilidad que propicie la paz y las relaciones de intercambio para defender mejor sus intereses, tal y como defienden los suyos las potencias rivales y aliadas. Ese orden estaría basado en el equilibrio de fuerzas e intereses y en la adecuación de ese equilibrio a los cambios que ocasionaran las tendencias en la dinámica de las relaciones internacionales. El juego de equilibrios y reequilibrios representa el paradigma de un orden mundial viable. Para Kissinger no existe una segunda dificultad de carácter estratégico, ya que el objetivo de cualquier orden internacional no está en sí mismo y en su hipotética naturaleza autónoma o supraestatal, sino en el desarrollo armónico, pacífico y ventajoso de los intereses de cada potencia con capacidad de actuación a través de ese marco de acuerdos y compromisos.

Resulta muy interesante el enfoque del coronel Enrique Fojón[11] al considerar el término *orden mundial* como una metáfora utilizada para sustituir al concepto que

10. Reflexión extraída de la obra citada de Kissinger, H. *World Order*, Penguin Press, Nueva York, 2014.

11. Fojón, E. "La era de competición estratégica global: España una cuestión de identidad", en *Global Strategy*, https://lc.cx/pSKX3g, 2020.

realmente queremos señalar, que es el de poder internacional. Su planteamiento proyecta un enfoque realista clásico para entender o, mejor dicho, para pasar por encima del concepto de orden, mientras que Kissinger representa una visión pragmática, también desde el realismo, para hacerlo viable. Según la reflexión del coronel Fojón, el poder es el objetivo estratégico en las relaciones internacionales, y el orden es una fórmula, metafórica, para hacerlo comprensible y negociable en un marco de entendimiento entre grandes potencias, o de supremacía por parte de alguna potencia hegemónica.

El orden en sí mismo, y por su propia esencia intangible, no es un objetivo realizable porque tendría que ser la actuación de un poder coercitivo la que garantizara y desarrollara un marco supranacional estabilizado que en nuestro tiempo, según el coronel Fojón, no existe. Aunque en el pasado histórico sí podía encontrarse un poder hegemónico en periodos clásicos como el de Roma en su etapa imperial, al igual que en otros periodos donde la potencia militar, económica y cultural de un actor o de un conjunto de actores pudieron establecer un régimen de leyes aceptadas gracias al poder de atracción del actor o actores dominantes, y a través de su fuerza político-militar.

Para el coronel Fojón, el problema conceptual no está en lo que se busca a través del orden, que es el poder, sino en su imprecisa denominación. Y los ejemplos más evidentes son la parálisis del mal denominado orden liberal y las incertidumbres que se están proyectando en el marco del nuevo sistema de competición entre potencias en la actualidad. En ambos casos, el error conceptual conduce al error en los análisis. En el primer caso porque, al equivocar el poder de las potencias occidentales, con Estados Unidos a la cabeza, con el supuesto orden construido por ellas, se traslada a determinadas instituciones y organismos (OTAN, ONU, UE) unas funciones y responsabilidades que realmente no dependen de ellas, sino de actores estatales y potencias, lo que produce un bloqueo de los mecanismos de decisión y, por tanto, una incapacitación del poder. Y en el segundo, porque al intentar comprender el comportamiento de las potencias emergentes o revisionistas a través de un marco de relación denominado orden, se infravalora o desenfoca el principal motivo u objetivo de las políticas de dichas potencias, que sería comprensible si se analizaran desde el enfoque del poder, es decir, desde el estudio de sus estrategias y capacidades.

Estas cuatro interpretaciones sobre el orden internacional nos permiten entender mejor la dificultad esencial que tiene el concepto. Bull concibe el orden como el soporte básico de una sociedad internacional, tendente por su condición anárquica a la complejidad. La ausencia de valores comunes obliga a la aceptación de unos principios mínimos de comportamiento que las reglas y la distribución de poder entre los actores predominantes promueven. Wilson considera el orden internacional como un proyecto de construcción de una comunidad nueva y, por consiguiente, no se trata de un soporte para mantener una sociedad, sino de unos instrumentos políticos para generar una dinámica de transformación a partir de unos valores comunes que tutelan los actores y organismos internacionales creados para tal fin. Kissinger entiende el orden como un acuerdo o conjunto de acuerdos entre grandes potencias que garantiza la estabilidad internacional gracias al equilibrio de sus capacidades y al reequilibrio de sus estrategias. Y Fojón identifica el orden internacional con el poder y en consecuencia con la distribución de poder entre las potencias, sus aliados, sus rivales y los diferentes polos de atracción que se generan con el desarrollo de distintas acciones políticas.

De esta disparidad de interpretaciones se deducen algunas consideraciones que merecen atención. La primera es que la polisemia del concepto se reproduce a la hora de extrapolar su significado al ámbito internacional. La segunda es que al intentar establecer un concepto de orden internacional no hay un acuerdo básico entre teóricos y teorías que, aun siendo cercanas, son discordantes sobre qué es el orden internacional, cuál es su estructura y fundamentalmente sobre los objetivos para los que está concebido o debe concebirse. La tercera es que la relación entre orden mundial y poder o poderes internacionales es intrínseca. El orden tiene que estar definido y tutelado por un poder o un conjunto de poderes. Y, por esta razón, la confusión existente entre orden y distribución del poder es recurrente, y la consideración unipolar, bipolar o multipolar de la distribución del poder conduce a denominar el orden como unipolar, bipolar o multipolar, cuando lo que se quiere señalar es que una potencia y su entramado de alianzas y valores, o dos o varias potencias en equilibrio, pueden tomar decisiones y actuar con capacidades y estrategias internacionales, o transnacionales, pero sin que necesariamente esas actuaciones configuren ningún orden o alteren los patrones de comportamiento establecidos.

A pesar de esta confusión conceptual, la determinación de un orden ha existido en la historia de las relaciones internacionales. Y en la actualidad, la idea, aún más ambiciosa, de concebir un orden mundial en una sociedad más interdependiente y globalizada permanece en los discursos políticos y las interpretaciones teóricas, con mayor intensidad, si cabe. Vamos a profundizar en algunos aspectos que las teorías observan para intentar precisar la naturaleza del concepto al cual se refieren.

2.2. TEORÍAS SOBRE EL ORDEN INTERNACIONAL

La teoría de las relaciones internacionales no puede confundirse con una teoría sobre el orden internacional. El principal error de los teóricos que fundamentan su estudio en la búsqueda de un orden internacional es el de considerar que el orden es una situación de estabilidad que se puede alcanzar y mantener, una vez logrados los equilibrios y aspiraciones de los distintos actores y normas que establecen el propio orden. El orden es, si acaso, el cauce por el que discurren las relaciones internacionales para que no desborden los límites que conducen al desorden. Pero la naturaleza de las relaciones internacionales es dinámica y está afectada por factores complejos y cambiantes que una estructura concreta de normas e instituciones no puede ordenar en su totalidad.

Los denominados órdenes de posguerra —Westfalia, Viena, Versalles, Potsdam— fueron en todos los casos unos tratados de paz que encauzaron, con mayor o menor acierto, la dinámica de las relaciones internacionales después de unos conflictos que por su magnitud y trascendencia habían inundado con violencia la convivencia entre pueblos y Estados. Pero en términos institucionales no conforman un orden por sí mismos en ninguno de los casos. Tampoco la creación de la Sociedad de Naciones después de la Primera Guerra Mundial o de la Organización de las Naciones Unidas (ONU) en 1945 representan la creación de un orden supranacional. Por tanto, si la primera cuestión que debemos abordar para comprender qué es el orden internacional es determinar cómo se produce su nacimiento, debemos acudir a los teóricos que consideran como una hipótesis cierta la existencia de algún orden en el pasado, o de alguno que perviva en la actualidad.

John Ikenberry es uno de los representantes más destacados del internacionalismo liberal estadounidense en las últimas tres décadas. Un firme defensor de la existencia y desarrollo de un orden liberal, ligado a la tradición internacionalista de Estados Unidos, materializado a partir de los acuerdos políticos y diplomáticos posteriores a la Segunda Guerra Mundial, y proyectado a escala global tras la caída del Muro de Berlín en 1989. El orden liberal está conformado por un conjunto de instituciones promovidas por Estados Unidos, desde su ascenso a la categoría de gran potencia predominante en 1945 y desde su liderazgo como polo de atracción cultural durante la segunda mitad del siglo XX.

La convicción de Ikenberry es que el orden liberal constituye un logro en la creación de un marco estable de convivencia mundial, a partir de la acción política conjunta de Estados Unidos y de los países aliados para construir un orden basado en unos principios comunes y que genera unas vías de cooperación y estabilidad beneficiosas para terceros Estados que se incorporan a la dinámica de comportamiento, que tuvo su origen constituyente en el final del conflicto mundial —"Major wars constitute critical junctures which newly powerful states have given extraordinary opportunities to shape world politics"[12]—, pero que se refuerza en su naturaleza hegemónica cuando el final de la Guerra Fría consolida la unipolaridad del poder estadounidense, así como la estructura de alianzas (OTAN) y organizaciones multilaterales (OMC, G7, UE) construidas para desarrollar el orden internacional, de acuerdo a unos valores liberales.

La distribución bipolar del poder durante la Guerra Fría permite explicar que, si bien la creación del orden de posguerra tuvo una fundamentación constituyente en el entramado de normas y valores para sustentarlo, la primera fase de su implementación tuvo lugar en un marco de equilibrio entre dos grandes potencias, Estados Unidos y la Unión Soviética, lo cual permitió concebir a la bipolaridad como un orden en sí mismo. Pero al colapsar uno de los actores que soportaba uno de los dos polos de influencia, la hegemonía resultante del otro polo de atracción

12. "Las grandes guerras constituyen coyunturas críticas en las que los Estados recientemente poderosos han brindado extraordinarias oportunidades para dar forma a la política mundial". Ikenberry, G. J. citado en *op. cit.* en cita 5, p. 16.

permitió que el orden de valores e instituciones liderado por los actores occidentales se desplegara sobre el conjunto de las relaciones internacionales, globalizadas además a través de las tecnologías de la información y sus redes.

Ese orden hegemónico liberal ha permitido a Estados Unidos promover sus intereses, pero al mismo tiempo construir un orden basado en el idealismo internacionalista, utilizando el poder duro y el poder blando en ambos casos. Tal y como reconoce Manzar, "since 1945 the US has pursued its global order interest, through creating and maintaining international economic institutions, bilateral and regional security organizations, and liberal political norms; these ordering mechanisms are often collectively refered to as the international order"[13].

Y este orden ha desarrollado diferentes mecanismos (organizaciones, negociaciones, medidas de confianza, redes de flujos de capital y comercio...) y estaría o está en condiciones de desarrollar otras iniciativas en el futuro relacionadas con el clima, las pandemias, la lucha contra el crimen organizado, la transformación energética, la digitalización o la exploración de los recursos extra-atmosféricos. Según la interpretación de Ikenberry, el orden liberal es un ejemplo de la transición de un orden originariamente regional, prioritariamente occidental, hacia un orden extendido gracias a las tendencias globalizadoras, a partir de la desmembración de la Unión Soviética y el declive de las ideas autocráticas socializadoras y el desorden poscolonial.

El planteamiento del liberalismo estadounidense integra perspectivas idealistas y realistas. Sin embargo, se

13. "Desde 1945, Estados Unidos ha perseguido sus intereses de orden global mediante la creación y el mantenimiento de instituciones económicas internacionales, organizaciones de seguridad bilaterales y regionales y normas políticas liberales; estos mecanismos de ordenamiento a menudo se denominan colectivamente orden internacional". Mazarr, M. J. *et al. Understanding the current international order*, Rand Corporation, Santa Mónica, 2016, p. 1.

circunscribe a una etapa histórica precisa y se concreta en la experiencia práctica de la implementación de políticas, instituciones y normas para la materialización de un orden definido, el liberal. Es decir, no es una abstracción teórica, sino la descripción de una serie de decisiones estratégicas. La Escuela Inglesa, por su parte, no se centra en los valores dominantes del orden liberal existente o en la distribución bipolar del poder en los años setenta, cuando Hedley Bull publicó *The Anarchical Society* (1977), sino que analiza la sociedad internacional de Estados existente desde mediados de la Edad Moderna y su evolución posterior para ver cuáles han sido los elementos políticos, jurídicos, sociales y filosóficos que han producido el orden necesario para que la sociedad sea como es, y haya pervivido siendo como ha sido.

Según la explicación teórica de Bull, el nacimiento de un orden aparece cuando un grupo de Estados con intereses y valores comunes se unen y vinculan entre ellos a través de normas e instituciones. Según esta perspectiva, la existencia de una sociedad internacional se produce porque existe un orden que le da estructura y continuidad, aun en el caso de que tal estructura institucional no haya sido planeada en un momento constituyente, sino que haya surgido a partir de las interacciones entre los actores o de la identificación de las tendencias dominantes.

Por esta razón, el autor comienza su reflexión desde las tres interpretaciones filosóficas que en la Edad Moderna iniciaron la búsqueda del origen de la sociedad de Estados que se estaba conformando en Europa tras las crisis generalizadas del poder dinástico aristocrático medieval y la ruptura de la unidad del cristianismo occidental. La tradición hobbesiana o realista interpretaba el estado de la naturaleza internacional como una guerra entre actores donde solo el Estado era capaz de prevalecer de manera autónoma, en la medida que consolidara su poder, y soberana en la definición y persecución de sus intereses. La tradición kantiana o universalista, que entendía que la naturaleza de la sociedad internacional estaba en la construcción de una comunidad de relaciones entre la humanidad a partir de las relaciones entre sus individuos. Y la tradición grociana o internacionalista, que interpretaba que la regulación internacional podía limitar los conflictos entre estados y favorecer la cooperación y el comercio entre ellos.

Bull acepta la consideración de la sociedad internacional como una sociedad de Estados y no niega la conflictividad como una dinámica propia de sus relaciones, así como tampoco la pugna por intereses contrapuestos entre los actores estatales. Lo que niega es la tendencia prevalente a la conflictividad, pues la cooperación es una dinámica también consustancial a las relaciones que se producen en una sociedad. Y lo que defiende es que la construcción progresiva de una sociedad internacional busca y establece cauces para limitar la violencia y resolver el conflicto a través de reglas, instituciones y acuerdos. Porque la mayor parte de los Estados mantienen una serie de intereses propios, pero utilizan la ordenación de la sociedad para resolverlos o para acatar los acuerdos aprobados. Y, por otro lado, defiende la idea de que es condición suficiente la existencia de una sociedad de Estados y, por el contrario, no es condición necesaria la creación de una comunidad de intereses para que pueda producirse un orden en torno a ella, porque:

> Order in any society is maintained not merely by a sense of common interests in creating order or avoiding disorder, but by rules which spell out the kind of behaviour that is orderly. The goal of security against violence, is uphold by the rules restricting the use os violence; the goal of stability of agreements by the rule that they should be kept; and the goal of stability of possesion by the rule that rights of property, public or private should be respected[14].

14. "El orden en cualquier sociedad se mantiene no solo por un sentido de intereses comunes en crear orden o evitar el desorden, sino por reglas

Desde esa posición internacionalista, Bull destaca que una primera aportación de Grocio a la configuración de una sociedad internacional fue la de extraer del derecho natural, imperante en el pensamiento de Vitoria y Suárez y la Escuela de Salamanca durante la primera etapa de la Edad Moderna, la idea de encontrar fundamentos para la coexistencia entre Estados católicos y protestantes, utilizando el *ius gentium* romano y las leyes mercantiles y marítimas medievales. Aunque será Bodino quien introduzca la primera acepción de la soberanía en sus *Seis libros de la República* (1576)[15].

Grocio además incorpora el concepto de extraterritorialidad que, junto a otras ideas en torno a la representación diplomática, como la idea de inviolabilidad planteada por Gentilis en *De Legationibus* (1548)[16], abren la puerta a la institución de la diplomacia como elemento constitutivo de la sociedad de Estados y, en adelante, exponente del orden internacional. Posteriormente, el positivismo y los juristas internacionales en la segunda mitad de la Edad Moderna seguirán incorporando reflexiones y normas sobre cuestiones como la guerra, la neutralidad, el comportamiento en un conflicto o la legitimidad, a la llamada *The Law of Nations* (desde la publicación, así titulada, de Emmer de Vattel) que pasará a denominarse derecho internacional, a partir de 1789 (Bentham)[17].

Según la explicación de Bull y de buena parte de los internacionalistas, la sociedad internacional de Estados,

---

que detallan el tipo de comportamiento que es ordenado. El objetivo de la seguridad contra la violencia se sustenta en las normas que restringen el uso de la violencia; el objetivo de estabilidad de los acuerdos mediante la regla de que deben mantenerse; y el objetivo de estabilidad de la posesión mediante la regla de que se deben respetar los derechos de propiedad, públicos o privados". *Op cit*. en cita 1, p. 52.

15. Referencia que aporta Hedley Bull en su análisis meticuloso de algunas de las obras clásicas para explicar la evolución del pensamiento internacionalista.

16. Referencia extraída de la obra de Bull.

17. Referencia también extraída de la obra de Bull.

de origen europeo, se traslada o extiende por motivos históricos y político-económicos a un espacio más amplio en el siglo XIX y a un ámbito más globalizado durante el siglo XX. Y de igual forma, considera que la modernidad occidental se establece como la cultura dominante también en la concepción de un sistema internacional. Esta mundialización es consecuencia en parte de determinados conflictos mundiales, coloniales y poscoloniales, pero no es el producto, en todos los casos, de una guerra concreta, sino más bien un proceso de traslación de un modelo, que es asumido o incorporado en los nuevos Estados soberanos que entran a formar parte de la sociedad internacional.

El orden internacional es, por consiguiente, el resultado del proceso evolutivo de una sociedad de Estados que se proyecta a un entorno más amplio, el mundial. Que no constituye entonces un nuevo orden, sino que integra normas (a veces no escritas), instituciones y elementos del orden originario y crea otros nuevos en cada momento histórico, como pudiera ser en el ámbito del armamento nuclear, por ejemplo, cuando las armas atómicas hicieron su aparición. Al mismo tiempo, la aparición de nuevas categorías de actores (organizaciones, multinacionales, grupos de presión) incorpora nuevos principios y requiere la readaptación de las normas de comportamiento, o la creación de otras distintas. El orden es, por tanto, una consecuencia normativa e institucional de la sociedad que lo produce y a su vez una causa que hace pervivir a la sociedad y permite su transformación.

Ambas visiones, la liberal y la internacionalista, se basan en una concepción integral del orden como una estructura monolítica en sí misma y, por tanto, generadora de una serie de normas de comportamiento que impregnan la totalidad de las relaciones en una sociedad internacional en permanente proceso evolutivo. Aunque las dos visiones parten de acontecimientos históricos concretos y se adaptan a una distribución de poder cambiante. Sin embargo, otras perspectivas de análisis se centran en las diferentes dimensiones del orden, lo cual permite hablar de órdenes diferenciados, clasificados por ejemplo por el ámbito de implantación, en regionales o globales, o por su campo de actuación, en sectoriales o generales. O en otras dimensiones que permitan diseccionar el orden en varios subórdenes integrados en un orden superior.

En estos casos no hablaríamos de un concepto único y específico del orden internacional, sino más bien de una estructura de normas que regularizan y hacen predecible el comportamiento en diferentes ámbitos de las relaciones internacionales. Estos órdenes parciales o sectoriales pueden convivir entre ellos en un sistema internacional complejo. Así, el orden económico liberal occidental era capaz de coexistir con el orden político económico socialista durante la Guerra Fría, mientras el orden global y sectorial de regulación de la aviación civil convive con orden de seguridad bipolar en materia de reducción y limitación de armamento nuclear. Y determinadas alianzas regionales, que pueden derivar en un orden regional, pueden ser compatibles a su vez con la pertenencia de los países aliados a otras organizaciones fuera del marco regional específico.

En términos históricos también pueden trasladarse estas consideraciones porque las estructuras de poder y administración de un imperio o de una potencia hegemónica (Imperio mongol; monarquía hispana; Imperio otomano) pueden considerarse como órdenes internacionales de ámbito regional. Como también lo serían los órdenes derivados de los sistemas concertados entre grandes potencias, como fue el caso del Congreso de Viena o, posteriormente, durante el periodo conocido como el concierto europeo.

Estas visiones teóricas de las relaciones internacionales que centran su atención en la categorización de los distintos órdenes históricos, políticos y sectoriales complican el concepto de orden internacional, al identificarlo con estructuras normativas y sistemas políticos o sociales de distinta dimensión. Y, en consecuencia, necesitan elaborar modelos teóricos para determinar cuáles son las situaciones que producen de forma precisa un resultado que en algún ámbito de relación internacional podamos denominar como un orden. Este es el caso del trabajo de Lascurettes y Poznansky[18] que, para establecer una clasificación de los diferentes órdenes configurados en el pasado, o que puedan estar en proceso de construcción, combinan dos variables: el grado de intencionalidad o espontaneidad con la que se genera el orden, por un lado, y el grado de concentración o dispersión de los poderes que lo promueven, por otro. Y, en ese sentido, establecen cuatro modelos que serían: el hegemónico cuando el orden es intencional y el poder está concentrado; el centralizado cuando el orden es espontáneo, aunque el poder sea centralizado; el negociado cuando el orden surge de manera intencionada, pero el poder está disperso; y el descentralizado cuando el poder es también disperso, pero el orden surge de manera espontánea.

A pesar de la dificultad añadida por su carácter marcadamente teórico, esta tipología de aproximaciones ayuda a profundizar en las características del orden internacional, y abren vías para entender la capacidad transformadora de algunos de ellos, o la naturaleza cambiante de otros. Pero no confirman la existencia, por ejemplo, de un orden en la dinámica actual, ni tampoco aportan suficientes argumentos para superar los planteamientos de las doctrinas dominantes en esta área de reflexión de las relaciones internacionales, que básicamente son el realismo, el liberalismo y el internacionalismo derivado de la sociología histórica. Sus interpretaciones sobre la historia y su impacto, no solo en la teoría, sino en la comprensión multifactorial del conjunto de las relaciones internacionales, representan un marco expositivo prioritario para entender la conformación del orden actual como un producto del progreso de la humanidad en su intento de conformar un mundo más justo, estable y pacífico.

18. *Op. cit.* en cita 5.

3. ORDEN Y MODERNIDAD

La historia de las relaciones internacionales ha establecido una secuencia de diferentes sistemas para la ordenación de la dinámica internacional en la Edad Moderna y Contemporánea. Y es comúnmente aceptado, desde la perspectiva de las principales doctrinas internacionalistas, el considerar la paz de Westfalia en 1648 como la primera gran iniciativa para alcanzar un gran acuerdo entre potencias y otras entidades políticas de menor dimensión que estabilizara sus relaciones a partir de unos principios y compromisos. El primero de ellos el del respeto por la soberanía del Estado, jerárquicamente encabezado por el monarca o por una institución política aristocrática o mixta, en algún caso, pero igualmente soberana.

El denominado orden de Westfalia[19] fue constituido, en su esencia, por un conjunto de tratados de paz (el de paz en Münster, que reconocía la independencia de Países Bajos, los tratados de Münster y de Osnabrück y, más

19. Pueden leerse múltiples estudios de Historia Moderna para ampliar el conocimiento sobre la Paz de Westfalia. Un resumen de interés lo elabora Parrott, D. "Guerra y Relaciones Internacionales" en *Historia de Europa Oxford: el siglo XVII*, coordinado por J. Bergin.

adelante, fuera ya del proceso, el Tratado de Paz de los Pirineos en 1659) firmados por los principales contendientes en las diferentes disputas que mantenían a Europa en medio de un escenario de guerras y conflictos que no se habían cerrado y habían permanecido activos, motivados por distintas razones. Por un lado, el conflicto religioso conocido como la guerra de los Treinta Años, que enfrentaba a los principados alemanes divididos en dos grandes ligas, una católica y otra evangélica (o protestante), y que se había reactivado a comienzos del siglo XVII.

La conflictividad de raíz religiosa se había iniciado un siglo antes tras la escisión provocada por el luteranismo y fue cerrada en falso en la paz de Augsburgo (1555). Se reproduciría un siglo después en los territorios del Sacro Imperio Romano Germánico, y se mantendría presente en las islas británicas, las Provincias Unidas o en las comunidades helvéticas, entre otros lugares. Aunque Westfalia no puso fin a las disputas de forma definitiva, los acuerdos de paz y la progresiva administración laica del poder monárquico, paralelamente coincidente con el debilitamiento del poder eclesiástico papal, así como el avance de la libertad religiosa[20], terminaron encauzando un orden de potencias soberanas cuya vinculación con la tendencia conflictiva provocada por motivos de creencia disminuyó durante el periodo de esplendor del llamado Antiguo Régimen.

Las distintas interpretaciones sobre los preceptos religiosos y su impacto en la sociedad y en los poderes políticos no es un fenómeno histórico que pueda asociarse

20. "Sin embargo, será el concepto de la tolerancia religiosa el que abriera de manera definitiva la puerta a la modernidad. Con la *Carta sobre la Tolerancia* publicada en 1698, John Locke ponía los cimientos de uno de los pilares fundamentales de la democracia liberal moderna", Peredo Pombo, J. M. "Las democracias liberales y el orden internacional" en G. Brochner, A. J. Pinto Tortosa y D. Sansó-Rubert Pascual, *¿Hacia un nuevo telón de acero?: 3o años de geopolítica en la guerra fría*, Tirant Lo Blanch, Valencia, 2023, p. 41.

intrínsecamente a la entrada en la Edad Moderna. Las herejías, por poner un ejemplo significativo dentro del cristianismo medieval, fueron un fenómeno recurrente con intensidad variable y causas muy diversas. Como lo fue la existencia de distintas creencias religiosas conviviendo o enfrentándose de manera violenta en territorios tan amplios como el Mediterráneo, Europa central y del sur, o Asia central durante siglos. El propio cristianismo estaba dividido en dos polos de poder ubicados en Roma y Constantinopla.

Pero el tránsito hacia la Edad Moderna sí puede considerarse como un periodo de progresivo deterioro de determinados centros de poder religioso (papado, Bizancio, califatos abasíes), motivado por diferentes razones, entre las que se encuentra la aparición y consolidación de nuevos centros de poder político-dinástico que sí podemos considerar como fenómenos identificables con el afianzamiento de la Edad Moderna[21]. En este marco histórico, la tensión y el conflicto de raíz religiosa se traslada a un nuevo escenario político y se convierte en un conflicto, probablemente más complejo en esta etapa, que tampoco puede considerarse como un proceso esencialmente europeo, sino más bien extensible a otras áreas geográficas y culturas.

Es el caso de Oriente Medio, donde los poderes políticos de la dinastía de los mamelucos y la otomana pugnaron por el control de las ciudades santas musulmanas en el siglo XV, y vivieron distintas influencias sufíes y sunníes en su seno. Igual que sucediera en Asia central tras la consolidación de la dinastía safávida desde el reinado de

21. El espíritu de la cruzada que mantenía la Corona de Castilla en su estrategia de expansión en el Mediterráneo en la última década del siglo XV y la primera del XVI convive con la tensión de raíz dinástica en el conflicto entre Francia y España y, después, entre España y las Provincias Unidas de naturaleza político-religiosa, pero dentro ya del proceso de la reforma y no entre distintas religiones.

Ismail I (1501-1525) y la progresiva conversión de su régimen a los preceptos de la doctrina chiita, en constante enfrentamiento con la creencia y vinculación sunní de los sultanes otomanos.

Westfalia significa, en segundo lugar, el establecimiento de un orden de Estados soberanos cuyo límite de actuación se encuentra desde entonces delimitado por unas fronteras estables y por unos compromisos de respeto a la autonomía de los poderes civiles, organizados en torno a la figura del monarca o a otras fórmulas de gobierno soberano. En los conflictos político-religiosos, había un trasfondo multidimensional de carácter dinástico, por una parte, motivado por la aspiración del control político de mayores espacios territoriales y sociales y, por otra parte, económico, motivado por las actividades mercantiles y comerciales, que el incremento de los intercambios de bienes y movimientos de personas había ocasionado. En Europa, el conflicto político entre grandes dinastías progresivamente dominantes (Habsburgo, Borbones, Tudor, otomana y, más adelante, Romanov) y entre otros Estados soberanos de menor influencia, heredero del sistema dinástico medieval y también de las disputas por el poder en determinadas regiones y por motivos económicos y comerciales, se intensificaría en el siglo XVII, ante la nueva complejidad provocada por el descubrimiento de América y los efectos expansivos de la navegación transoceánica. A lo cual habría que añadir la activa presencia rusa en Europa oriental en la segunda mitad de la Edad Moderna desde Pedro I (1682-1696) y Catalina la Grande (1729-1796), después.

Finalmente, el orden de Westfalia inicia la transición de una primera concepción moderna de las relaciones internacionales de ultramar a partir de las Bulas Alejandrinas (1493) y del Tratado de Tordesillas (1494), que repartía los territorios de ultramar entre España y Portugal, hacia una segunda concepción fundamentada en la libertad de navegación en los mares que, a su vez, abría la puerta a la inminente expansión de la colonización. Fenómeno que exigiría desde aquel momento una ordenación distinta y más universalizada de las relaciones entre Estados para afrontar la futura dinámica imperial transoceánica, lo cual no se había producido antes en la historia. Y que implicaba, sobre todo, a las grandes potencias marítimas y a sus estructuras económicas, administrativas y militares. Una nueva visión geopolítica a la cual debe añadirse también la apertura de otros espacios a la creciente actividad comercial, como fueron las rutas marítimas en el hemisferio oriental desde África hasta el Índico y China, donde participaron portugueses, árabes, otomanos y posteriormente holandeses. Así como la competición estratégica en otros territorios de Asia central, la Europa oriental y balcánica, y el Mar Negro, entre algunos polos de poder declinantes (Bizancio, kanatos mongoles) y otros emergentes (otomano, Habsburgo, safávida y el Imperio zarista).

Este primer orden, identificado simbólicamente en los tratados de Westfalia, se apuntaló en la Europa atlántica con el Tratado de Paz de los Pirineos entre las monarquías de Francia y España (1659) y con la separación de España y Portugal en 1668; y en la Europa del sureste, con la derrota de los otomanos a partir del asedio de Viena en 1683 y el posterior tratado de paz entre los Imperios Habsburgo y otomano en 1699[22]. La pugna entre las grandes potencias del Renacimiento terminaba con un nuevo equilibrio en el que turcos y españoles perdían una parte importante de la hegemonía en espacios geopolíticos que se abrían a la entrada de otras potencias en la competición.

El de Westfalia puede concebirse como un primer orden, ya que a partir de ese momento se pone fin a una sucesión de conflictos mediante una serie de tratados que

22. Para profundizar en estos hechos históricos puede consultarse la obra de Baer, M. D. *The Otomans*, Basic Books, Londres, 2012.

reconocen algunas reclamaciones, y se implementa la consecución de una paz estable, sellada a través de delimitaciones territoriales entre Estados soberanos que son aceptadas por el conjunto de actores participantes en los acuerdos. Entre ellos la mayor parte de los estados dominantes, las potencias, que interpretaron esos compromisos como un marco de relación estable, beneficioso para sus intereses. Pero también representa la apertura de una visión distinta del mundo a partir de las oportunidades y retos que el nuevo entorno geopolítico universalizado conlleva y, en ese sentido, Westfalia puede considerarse como un primer orden entre naciones que toman conciencia de su poder en un entorno de mayor dimensión, parcialmente desconocido y, por consiguiente, necesitado de una dinámica de comportamiento y una normativa renovada que permitiera a la sociedad de Estados desarrollarse y pervivir.

Se equivocan quienes dan prioridad a la acción social y a la interacción de individuos e identidades en la generación de un orden como el de Westfalia. No había tales identidades en la Edad Moderna y si las había de alguna naturaleza, la religiosa, por ejemplo, todas ellas estaban desdibujadas o habían sido sometidas al control del poder de los Estados soberanos, más o menos tolerantes. El monarca anglicano o católico, el sultán musulmán o el zar ortodoxo ejercerán desde entonces como la corona protectora de las confesiones y minorías o como la cabeza de un poder político que representaba a una creencia religiosa concreta. Pero la conformación de cualquier orden está sujeto a la dinámica de la historia; a la emergencia de potencias que se benefician de ese nuevo marco de relaciones (Rusia, Prusia); al crecimiento de aquellas que mejor lo saben aprovechar (Inglaterra, Francia, las Provincias Unidas); y al declive de otras más antiguas (España, Portugal, Polonia), en proceso de estancamiento o decadencia. Y también a los movimientos y alteraciones provocados por nuevas ideas (Ilustración) y el desarrollo de nuevos recursos y relaciones que transforman la sociedad (burguesía). A partir de ese periodo, los intereses cambian de manos y las concepciones de la sociedad y del mundo cambian de rumbo.

Por el contrario, cuando Eric Hobsbawm[23] se refiere a las revoluciones en Francia e Inglaterra, una política (la francesa) y otra económica (la industrial), como motores del cambio histórico de la contemporaneidad, si identifica la existencia de grupos sociales, en su mayoría burgueses, como promotores de los flujos de pensamiento y reivindicaciones políticas en distintos países y de la puesta en marcha de un proceso revolucionario crítico con el orden dentro de los Estados y también en su proyección internacional. Aunque tales flujos fueran incapaces de generar una transformación del orden de potencias, de no ser por el intento de un general francés de alterar el equilibrio de poder multipolar europeo y transfigurarlo en un nuevo poder hegemónico, fundamentado en una utópica universalidad de la que Francia sería guía a partir de su revolución y de su asalto al poder soberano del Antiguo Régimen.

Napoleón fue el brazo ejecutor de lo que hoy llamaríamos una disrupción política y de lo que podría considerarse, utilizando una terminología adoptada por algunas propuestas constructivistas, como un primer intento de deconstrucción de la sociedad. Pero, a finales del siglo XVIII, el espacio internacional no era una cuestión de menor importancia en los objetivos estratégicos de los poderes soberanos, sino que por el contrario empieza a convertirse en la naturaleza esencial de la realidad política. La expansión del comercio transoceánico y colonial, la pugna por territorios de ultramar —guerra franco-británica en el territorio de Canadá

23. Hobsbawm, E. *La era de la revolución (1789-1848). La era del capital (1848-1875). La era del imperio (1875-1914)*, Crítica, Barcelona, 2012, décima impresión junio de 2022.

(1754-1763)–, las reclamaciones políticas y la independencia de territorios coloniales –independencia de las 13 colonias británicas en Norteamérica (1776)– son un conjunto de hechos y fenómenos que así lo demuestran.

Europa en el centro del mundo, entre el Mediterráneo y el Atlántico, y Francia en el centro de Europa. Un momento histórico para una estrategia revolucionaria e integral. Un nuevo calendario en la historia dirigido por un nuevo César de la revolución. Una nueva Roma, ahora universal. Napoleón quizá comprendió la relevancia política de aquel momento histórico y el significado de las tendencias sociales e ideológicas que se habían desatado. Quiso dominar el polo de atracción europeo con las ideas revolucionarias y controlar los Estados soberanos con nuevos gestores. Pero no supo valorar que, para hacer frente a la ruptura del equilibrio aristocrático del Antiguo Régimen, las aristocracias y los monarcas europeos establecerían alianzas y se reordenarían porque un orden de potencias puede admitir una potencia dominante, pero nunca una potencia hegemónica[24]. Y menos aún si el dominio imperial era estratégicamente inviable en aquel momento, ante el ensanchamiento de Europa por tierra hacia Asia y por mar hacia América y el Índico.

Gran Bretaña, por el contrario, si lo supo entender. La supremacía no exige el dominio completo del espacio terrestre y marítimo, sino el control de ese espacio inabarcable mediante la accesibilidad parcial a esa totalidad geopolítica desde cualquier punto. La tecnología de la Revolución Industrial fortalece a los imperios europeos y los hace superiores, pero no hegemónicos. Invencibles, pero no imbatibles. Por tanto, es necesario un orden de

24. Igualmente pueden leerse múltiples estudios de Historia sobre las guerras napoleónicas. El historiador John Lewis Gaddis recomienda sin embargo la lectura de Tolstoi, *Guerra y Paz*, además de algunos de ellos. Gaddis, J. L. *On Grand Strategy*, Penguin Random House, Londres, 2018.

alianzas y acuerdos que permita hacer que los intereses del actor con mayor poder sean predominantes. El orden del Congreso de Viena (1814-1815) reproduce la estabilidad en Europa y la proyecta hacia nuevos territorios. Pero es Gran Bretaña quien domina los mares, controla puertos y se coaliga con quienes comparten sus intereses. Para ello cuenta con tres ventajas: la superioridad naval, la tecnología industrial y el pensamiento dominante: el liberalismo.

El análisis histórico del Congreso de Viena presenta el acuerdo como una vuelta al Antiguo Régimen, aunque se verá debilitado desde entonces por diferentes procesos revolucionarios durante el siglo XIX (1830, 1848, 1870) y por el avance, secuencial y no lineal, de las ideas e instituciones liberales. Sin embargo, el orden internacional que genera el sistema de congresos, el impulso de unas relaciones diplomáticas ordenadas y estables, y el establecimiento de alianzas geoestratégicas pueden considerarse como una prolongación, más perfeccionada, de las ideas generadas en Westfalia en torno a los equilibrios de poder y la legitimidad de los acuerdos alcanzados por los Estados soberanos.

Después de 20 años de guerras, el orden de potencias europeas reestablecido en el Congreso de Viena y fortalecido por el concierto europeo tuvo un efecto limitador de los conflictos y, de hecho, hasta la guerra de Crimea (1853-1856) no hubo una guerra de carácter general ni un enfrentamiento entre potencias. En realidad, hasta 1914 no tuvo lugar una guerra que enfrentara a más de dos potencias. Francia fue incorporada al concierto en 1818, aunque las reuniones del sistema concertado se celebraron solo en el periodo 1812-1822. La Santa Alianza entre Rusia, Prusia y Austria, promovida por el zar Alejandro I, no tuvo tampoco una repercusión especialmente destacable más allá de alguna intervención puntual en el escenario europeo como fue la de España en 1823. Se podría afirmar que el marco político y de seguridad diseñado en Viena tuvo un recorrido circunscrito a los años de la posguerra, algo similar a lo que sucedería con algunas iniciativas acordadas en el Tratado de Versalles como la creación fallida de la Sociedad de Naciones. Sin embargo, el entramado de instituciones y relaciones diplomáticas a partir del Congreso de Viena consolidaron la adaptación de los actores europeos a un sistema internacionalizado capaz de recuperar la estabilidad dentro del continente. Y consolidaron también la idea de que el desarrollo de un orden europeo debía estar construido sobre la base del equilibrio de poder entre las potencias, que Emmer de Vattel definía así: "A state of affairs such that no one power is in a position where is preponderant and can lay down the law to others"[25].

Pero la extensión del orden europeo a otros territorios fue consecuencia no tanto de esa estabilidad como de la consecución de tres procesos: el desarrollo de la Revolución Industrial; las transformaciones sociales y políticas provocadas por las ideologías que se proyectaban desde los sistemas liberales; y la influencia de la filosofía racionalista y del positivismo en la ordenación de las estructuras políticas, administrativas y económicas (banca, sistemas impositivos, burocracia, ejércitos). Los tres procesos pueden resumirse en la emblemática frase de Auguste Comte: "El amor por principio, el orden por base y el progreso por fin".

Las dos revoluciones, liberal e industrial, se despliegan sobre el polo de atracción europeo: las comunicaciones (ferrocarril, navegación a vapor, carruajes) fortalecerán los intercambios de bienes y la migración de personas; la ciencia prolongará la vida y la mejora las condiciones de la salud; las profesiones liberales se integran en la gestión de la sociedad burguesa; y el telégrafo y la prensa de masas articulan los flujos de ideas. En efecto, la síntesis de Comte resulta muy reveladora para explicar cuál era el propósito

25. "Tal situación que ningún poder está en una posición en la que sea preponderante y pueda imponer la ley a otros". *Op. cit.* en cita 1, p. 97.

esencial del orden en el siglo XIX: la consecución del progreso a partir de la racionalidad y de su plasmación en las normas, el positivismo. El problema de establecer cuál era el sentido del progreso en aquella época quizá no subyacía entonces en el espíritu liberal imperante. Pero la ciencia aplicada a la historia, el historicismo, y a la sociedad, el marxismo, descomponen la uniformidad de la interpretación racionalista del progreso y las ideologías toman cuerpo y forma para crear nuevas tendencias y proyectarlas hacia el futuro.

Buzan y Lawson, desde una tradición globalista, intentan reforzar la importancia de la transformación global que tiene lugar en el siglo XIX, la cual, en su opinión, tiene una profunda influencia en la construcción del orden internacional moderno. Ese proceso globalizador se origina en la Revolución Industrial, producto del ensamblaje de la ciencia, la burguesía y la doctrina económica y política liberal, y permite que el porcentaje de riqueza global generada por los países europeos y Estados Unidos pasara del 35% en 1820 al 68% en 1913. Mientras la de Asia, por ejemplo, cayera del 60% al 24% en el mismo periodo.

> The most important transformation in world politics unfolding over the last two centuries has been what might called the liberal ascendency. This has involved the extraordinary rise of the liberal democrats states from weakness and obscurity in the late XVIII century into the world's most powerful and wealthy states, propelling the West and the liberal capitalist system of economics and politics to world preminence[26].

26. "La transformación más importante en la política mundial que se ha desarrollado en los últimos dos siglos ha sido lo que podría llamarse el ascenso liberal. Esto ha implicado el extraordinario ascenso de los Estados demócratas liberales desde su debilidad y oscuridad a finales del siglo XVIII hasta convertirse en los Estados más poderosos y ricos del mundo, impulsando a Occidente y al sistema capitalista liberal de economía y política a la preminencia mundial". Cita de John Ikenberry

Pero si los globalistas consideran que el nacimiento del Estado liberal moderno estaba basado en los pilares del nacionalismo, la soberanía popular, la promoción de la igualdad y el fortalecimiento de las burocracias administrativas y los tejidos empresariales, otras visiones de autores críticos, como la del historiador Eric Hobsbawm, interpretan que el sistema es una suerte de asalto del capitalismo burgués a las clases más desfavorecidas y a los países menos preparados para tal desafío. Como consecuencia de esta desigualdad, el historiador inglés entiende el siglo XIX, de forma integral, como un periodo de constante revolución de los oprimidos por el sistema capitalista —campesinos sin tierra, proletarios, minorías étnicas— contra el propio sistema.

Pero la vitalidad de los Estados europeos modernos y del capitalismo industrial, a pesar de sus desequilibrios durante el siglo XIX, resulta una obviedad. Como es también la de identificar a Gran Bretaña como la gran potencia dominante, única potencia naval y colonial tras del Congreso de Viena, y único país industrializado en 1848. No solo el propio Hobsbawm o los citados Buzan y Lawson reconocen el papel determinante de la hegemonía británica en los orígenes del orden internacional liberal, sino que autores tan relevantes como Cox o Gilpin coinciden en tal interpretación[27].

Por tanto, la primera consecuencia del orden posterior a Viena es también obvia: el ascenso de Gran Bretaña a la categoría de potencia dominante. Pero, a su vez, el orden europeo pone en marcha una competición multipolar transnacional que transforma a otros Estados europeos en

---

recogida en la obra de Buzan B. y Lawson, G. *The global transformation*, Cambridge University Press, Cambridge, 2015, p. 47.

27. Las obras de Cox, R. *Social Forces, States and World Orders: Beyond International Relations Theory* (1981) y de Gilpin, R. *War and Change in World Politics* (1981) son dos importantes aportaciones a la cuestión desde la ciencia de las relaciones internacionales.

grandes potencias, aunque no hegemónicas, porque las delimitaciones de los espacios imperiales en los subsiguientes procesos de reparto colonial extienden la soberanía a los territorios ultramarinos de cada imperio, pero no fuera de ellos. Y en ese marco de competición y rivalidad, de nuevo, algunos países emergentes (Japón, Estados Unidos, Alemania, Italia) se abren paso en el último tercio del siglo XIX, mientras otras potencias aprovechan mejor su posición (Gran Bretaña, Rusia, Francia) y otras antiguas decaen (los Imperios austrohúngaro y turco y, muy significativamente, China).

Nuevamente, la comprensión de las tendencias parece un factor significativo para mantener la influencia o perderla. El rechazo al liberalismo debilitó a la Rusia zarista y su promoción fortaleció el polo de atracción estadounidense. El nacionalismo fortaleció a Alemania e Italia en sus procesos de unificación y poco después a Japón en su voluntad de modernización. Y, de forma paralela, desmembró al Imperio otomano y al austrohúngaro. Mientras, el imperialismo colonial generó un conjunto de ideas y nuevas tendencias descolonizadoras que afloraron durante los años anteriores y posteriores a la Primera Guerra Mundial.

3.1. ORDEN Y GUERRA MUNDIAL

La historia analiza la Primera Guerra Mundial con distinto criterio a como lo hacen las relaciones internacionales. Para la historia, las causas de la guerra son profundamente complicadas de explicar. Resulta inexplicable que las instituciones diplomáticas no fueran capaces de detener la crisis, a pesar de que llevaban décadas de actividad multilateral desde el concierto europeo hasta los congresos del último tercio de siglo. Resulta inexplicable la inoperancia estratégica de los mandos militares y su desconocimiento de los efectos mortíferos de los armamentos industriales que se habían habilitado en sus ejércitos. Es también incomprensible que el etéreo atributo del prestigio de las potencias se viera enaltecido por unos acontecimientos locales que en ningún caso amenazaban a los intereses vitales de aquellas. El propio adocenamiento de las sociedades y de las opiniones públicas ante un conflicto de semejante magnitud son difíciles de entender.

Para las relaciones internacionales, sin embargo, la crisis del orden europeo tiene que ver con algunos cambios más comprensibles. Algunos de naturaleza geopolítica: Estados Unidos se sitúa entre Europa y el Pacífico, su marina se refuerza y sus valores son contrarios a la colonización y, al igual que Japón, desafían a las potencias europeas en Asia y también en América. Ambas participan en el viejo orden, pero con la intención de revisarlo. Otras, relativas a la redistribución del poder: la unificación política y la industrialización de Alemania transforma los objetivos de su estrategia que incluye, a partir de entonces, la aspiración colonial y el desafío al liderazgo británico. Y otros, de naturaleza ideológica: el nacionalismo ha dejado de ser un sentimiento romántico y se ha convertido en una aspiración positivista que se propaga en todos los territorios europeos y extraeuropeos de los imperios. Las tres tendencias fueron identificadas por las grandes potencias, pero el orden europeo, anquilosado en su comportamiento decadente y simbólico, no supo reaccionar.

En el análisis de Rafael Calduch[28] en torno a los cambios de etapa en la historia de las relaciones internacionales, el profesor establece tres fases, de génesis, desarrollo y crisis, y explica que durante los periodos de crisis del sistema decadente y los de génesis del sistema (u orden) en fase de creación, algunos paradigmas se asumen y otros se

28. Calduch, R. *Relaciones Internacionales*, Ediciones de las Ciencias Sociales, Madrid, 1991.

transforman. Según Calduch, el cambio no es disruptivo sino más bien evolutivo o tendencial. La etapa que inauguraba la Primera Guerra Mundial era la de la decadencia de Europa. Pero el nuevo orden propuesto en Versalles no pudo afrontar ni siquiera el inicio de esta transformación. Al fracaso de la guerra le sucedió el fracaso de la paz porque el orden europeo, que se pretendía sustituir, no había finalizado en 1918. Más bien al contrario.

De forma similar a lo que ocurriera a mediados del siglo XVI con la paz de Augsburgo, que no significó el final de la disputa religiosa ni impidió su reproducción en el siglo XVII, Versalles no significó el final del nacionalismo en el periodo de entreguerras, sino que provocó su exacerbación. Un nuevo orden requiere previamente de una reinterpretación de las fuerzas y de los intereses, de una correcta identificación de las tendencias, que aparecen o permanecen, y de la comprensión del espacio geopolítico. Japón supo interpretar, para su futura desgracia, la dimensión de su fuerza, el entorno geopolítico poseuropeo y la nueva tendencia ultranacionalista, más involucionista y militarista. Estados Unidos no la comprendió con igual claridad. Y menos aún que la democracia y las libertades no habían sido la consecuencia saludable de la guerra europea, aunque las ideologías en su conjunto sí lo habrían de ser. Pero entre ellas, el liberalismo democrático no sería la más celebrada en los años veinte. Ni en Europa ni fuera de ella. Mientras, los fascismos y el comunismo se convertirían en tendencias políticas más atractivas para las sociedades europeas, desencantadas por la guerra, y emocionalmente sensibles a la propaganda de los nuevos partidos de masas, más radicalizados.

El liderazgo estadounidense hizo su aparición en aquel conjunto de reuniones de paz, aunque lo hizo con una manifiesta carencia de solvencia política para implementarlo. Aun así, Versalles y el final de la Gran Guerra representan la primera iniciativa para establecer un denominado orden mundial que regulara los comportamientos de los actores y condujera a un periodo de paz basado en compromisos, o al menos la primera que estuviera reforzada a través de la acción de instituciones multilaterales. Si bien los repartos de responsabilidades sobre territorios en 1918, a través del régimen de mandatos en Oriente Medio y la delimitación de fronteras entre los nuevos Estados soberanos en Europa, no son una novedad en la historia del derecho internacional iniciada en Westfalia, la creación de la Sociedad de Naciones y los compromisos en torno a la seguridad colectiva y el respeto a los procedimientos de mantenimiento de la paz pueden considerarse como una importante innovación que abría la puerta al planteamiento de instituir un orden en las relaciones internacionales.

En esta misma línea de iniciativas y propuestas encaminadas a construir un marco multinacional, mejor estructurado, más seguro, y más abierto en una comunidad internacional, puede incluirse la puesta en marcha de centros de estudio y reflexión para comprender la creciente complejidad de la dinámica política mundial. Precisamente después de la Primera Guerra Mundial se crean las dos primeras instituciones dedicadas al estudio de las relaciones internacionales, el Royal Institute of International Affairs (1920) en Londres, heredero del Royal United Services Institute for Defence and Security Studies, creado por el Duque de Wellington en 1831, y la sociedad filantrópica Fabian Society (1884), germen del London School of Economics. En Nueva York nacía simultáneamente el Council of Foreign Relations en 1920, de manera paralela al nacimiento de algunos de los primeros *think tanks* privados, el Carnegie Endowment for International Peace (1910) y el Brookings Institute (1927). En 1919 se inauguraba la primera Cátedra de Relaciones Internacionales en Oxford, después de que Mackinder hubiera publicado en 1904 su obra *The Geographical Pivot of History* e incorporara la geopolítica al pensamiento internacionalista como una ciencia que podía reforzar los planteamientos estratégicos en un mundo abierto y accesible.

La complejidad se había instalado definitivamente en las relaciones internacionales, y el paradigma era de tal envergadura que la filosofía política y la historia no podían hacerle frente ni lo podían resolver. El razonamiento teórico y la ciencia social le hace frente desde un abanico de perspectivas que se engloban en una ciencia nueva, las relaciones internacionales, liderada por la cultura anglosajona, ahora bifurcada en dos polos de atracción: uno declinante, como el orden europeo, Gran Bretaña, y otro emergente, Estados Unidos. Herederos del éxito de la tendencia liberal, pero sin capacidad para poner en marcha un orden que permitiera pervivir a la nueva sociedad internacional.

Podría argumentarse que el fracaso del orden multilateral en el periodo de entreguerras tuvo dos causas fundamentales. Por un lado, la no aceptación de los acuerdos territoriales por parte de Alemania; por otro, la ausencia de una estrategia para consolidar el orden propuesto. La Sociedad de Naciones no estuvo en ningún momento en condiciones de ejercer como una organización supranacional de seguridad colectiva en términos financieros ni en recursos militares. Y las potencias vencedoras tampoco activaron mecanismos y políticas para consolidar los acuerdos alcanzados. Si el Congreso de Viena tuvo éxito gracias a la voluntad de las potencias por reestablecer el orden alterado por Napoleón, las potencias vencedoras en 1918 no fueron capaces de consolidar fórmulas de actuación colectiva para ejercer la coerción en el débil marco internacional del periodo posterior a la Primera Guerra Mundial. Tomando prestada la frase que Tony Judt elige para explicar este fracaso con las palabras de Arthur Koestler: "Qué enorme fue el deseo de un nuevo orden humano durante el periodo de entreguerras y qué lamentable el fracaso a la hora de cumplirlo"[29].

---

29. Judt, T. *Postguerra*, Taurus, Barcelona, 2006, decimoséptima reimpresión, mayo de 2022, p. 24.

Las consecuencias derivadas de este fracaso, por si alguien en cualquier momento pudiera infravalorar su trascendencia, fueron Hitler, el empoderamiento de los regímenes fascistas y comunistas, y la Segunda Guerra Mundial, cuyas escalofriantes cifras de victimización las expone Tony Judt en *Postguerra*, un relato histórico sobresaliente sobre la posguerra y la evolución del epicentro de la catástrofe, Europa, tras el conflicto. Solamente recordamos algunas de ellas: entre 1939 y 1945 murieron en torno a 36,5 millones de personas en Europa por causas relacionadas con la guerra, más de la mitad, 19 millones, fueron civiles no combatientes; 16 millones en territorio soviético, 5 millones en Polonia, incluyendo a los judíos exterminados que, sumados a las purgas de los judíos en otros países como Países Bajos y Hungría, elevan la cifra de víctimas de origen judío hasta los 5,7 millones. Con los 221.000 gitanos romaníes, Judt vuelve a confirmar en su trabajo los datos del Holocausto que todavía, inexplicablemente y de forma soez, se cuestionan.

Al finalizar la guerra en la Unión Soviética, el número de mujeres superaba al de hombres en 20 millones. En Alemania, dos de cada tres hombres nacidos en 1918 no sobrevivieron a la guerra. En Viena, los médicos y hospitales dieron cuenta de 87.000 mujeres violadas a manos de los soldados del Ejército Rojo, aunque fueron las mujeres alemanas las que sufrieron más vejaciones a manos de los soldados soviéticos. Entre 1945-1946 nacieron 150.000 y 200.000 niños rusos en zonas ocupadas, cifra que no incluye los abortos ni las muertes de las madres embarazadas. Estas cifras se suman a la incontrastable cifra de niños huérfanos, perdidos y mutilados, 300.000 en Yugoslavia, 60.000 en Holanda, 53.000 en Berlín, o los miles de niños que, tal y como describe la objetiva y profunda sensibilidad de Judt, se reunían en los jardines del Quirinal de Roma, en busca de amparo. Entre todos ellos pocos eran judíos, solamente adolescentes, porque los niños judíos más pequeños no habían sobrevivido a los campos de exterminio.

Las políticas de limpieza étnica y los movimientos de población tuvieron una magnitud desconocida hasta entonces. No solo en Europa, sino también en China y en los territorios ocupados por Japón, así como en los procesos de purgas étnicas del nazismo y el estalinismo. Durante la guerra, los alemanes habían trasladado a minorías eslavas, polacos, rumanos y húngaros, pero al detenerse la contienda los movimientos de población continuaron: los soviéticos expulsaron a un millón de polacos de Ucrania y repatriaron a medio millón de ucranianos a la URSS; 600.000 alemanes e italianos fueron expulsados de territorios yugoslavos; Bulgaria transfirió 160.000 turcos a Turquía; Checoslovaquia intercambió a 120.000 húngaros por otros tantos eslovacos residentes en Hungría. Las poblaciones añadieron, al horror de la guerra, sus consecuencias en la posguerra: la enfermedad, los racionamientos y el desarraigo.

La Segunda Guerra Mundial puede considerarse como el acontecimiento más determinante de la historia moderna por distintas razones. Una de ellas es precisamente por el efecto que la monumental tragedia bélica y humana tuvo sobre la voluntad general de conformar un orden mundial para afrontar las consecuencias sociales y económicas de la hecatombe, y para impedir que una conflagración de tal magnitud volviera a producirse. La reconstrucción económica y la reconstrucción del espacio político mundial es la base del proyecto que acordaron las grandes potencias en 1945, aunque por motivos ideológicos y geopolíticos, a partir de 1947, el proyecto de los vencedores se transformará en un orden bipolar dividido en dos bloques antagónicos, liderados por dos superpotencias, Estados Unidos y la Unión Soviética.

El orden posterior a la Segunda Guerra Mundial nace de un acuerdo entre las potencias victoriosas para establecer los parámetros territoriales y la administración de la reconfiguración política de la posguerra. Aunque en las cumbres de Teherán y de Yalta[30] se propone y anuncia la creación de una organización internacional para mantener la paz, en la línea de lo planteado en la Carta del Atlántico en 1941, las reuniones entre las grandes potencias aliadas contra el eje no tuvieron como prioridad la construcción de un orden mundial. La prioridad estaba en el análisis la situación de las estructuras políticas de los países en conflicto o bajo dominio alemán y japonés; en la estrategia político-financiera para hacer frente al colapso económico; así como en la negociación en torno a las exigencias de reparaciones tras la guerra, la no prolongación del conflicto o en la negociación sobre las futuras zonas de influencia.

Sin embargo, la frustración provocada por la inoperancia del sistema de entreguerras mueve a los actores implicados, con Estados Unidos a la cabeza, a rectificar algunos errores causantes de tal fracaso. Y este sentimiento, unido a la conciencia pública y política sobre la involución que había sufrido la historia, mueve a los dirigentes a impulsar la creación de una organización internacional, Naciones Unidas, que debía de servir como instrumento para la articulación de una política internacional de cooperación en torno a problemas comunes, incluida la seguridad, pero específicamente diseñados para la recuperación social y económica, y para la ordenación de las aspiraciones de independencia y reconfiguración política como fueron los procesos de descolonización. Asimismo, en el seno de la ONU se ponían en marcha organismos para el arbitraje internacional y la resolución pacífica de conflictos.

A partir de su creación, la Organización de las Naciones Unidas abordará problemas globales, además de las

30. Para ampliar el conocimiento del periodo puede consultarse Renouvin, P. *Historia de las Relaciones Internacionales*, Akal, Madrid, 1990, segunda edición; Zorgbibe, C. *Historia de las Relaciones Internacionales II: Del sistema de Yalta hasta nuestros días*, Alianza Editorial, Madrid, 1997.

reclamaciones soberanas de distintas minorías y colonias, como los provocados por la falta de desarrollo y acceso a los recursos de muchos países recién reconocidos como Estados soberanos. Los organismos financieros derivados de las reuniones de Bretton Woods son un exponente de la voluntad multilateral de construir un entorno económico cuyo objetivo estuviera en un desarrollo más equilibrado y accesible para los pueblos. Por eso, tal y como señala Tony Judt:

> [...] Cuando a comienzos de 1946 la Unión Soviética anunció bruscamente que no se uniría a las instituciones de Bretton Woods, el Departamento del Tesoro de Estados Unidos quedó verdaderamente desconcertado; y fue entonces cuando, para explicar el pensamiento subyacente al paso que había dado Stalin, George Kenan envió desde Moscú, la noche del 22 de febrero de 1946, su célebre largo telegrama, primer testimonio significativo del reconocimiento por parte de Estados Unidos de la confrontación que se avecinaba"[31].

La debilidad británica, que había dilapidado sus últimos recursos para mantener su categoría como gran potencia en el nuevo entorno, mundializado definitivamente en la posguerra, y la de Francia, incapacitada para asumir cualquier liderazgo en una Europa tutelada por los estadounidenses y ocupada por las divisiones soviéticas al este de Alemania, mueve a Estados Unidos a asumir el impulso y garantizar el nuevo orden en proceso de configuración. La aprobación del Plan Marshall en 1947 fue la respuesta ante el temor de que el polo de atracción soviético se extendiera en Europa, y la posesión de la bomba atómica la salvaguarda para que tal atracción no se materializara por la fuerza. Checoslovaquia aceptó su inclusión en el Plan Marshall, pero la Unión Soviética obligó al Gobierno checoslovaco a

31. *Op cit.* en cita 29, p. 171.

renunciar y los comunistas perpetraron el golpe de Estado de Praga pocos meses después. La Guerra Fría estallaba en pleno proceso de ordenación de la posguerra, y la doctrina de contención se planteaba en 1948 como un instrumento de la política exterior que se convertía en una estrategia geopolítica cuando la Revolución comunista china triunfaba en 1949.

Muchos otros procedimientos se podrían destacar para resaltar el papel de la ONU y del conjunto de potencias y actores internacionales para promover un nuevo orden internacional distinto y mejor integrado. La Declaración Universal de los Derecho Humanos en 1949, elaborada desde la organización, reconoce y propone un conjunto de derechos, comúnmente aceptados, que representan un paso adelante en la concepción de una sociedad internacional enlazada por unos valores compartidos. Aunque evidentemente, tal y como la historia puso de manifiesto, resultaran inasumibles a medio plazo para muchos países en vías de desarrollo y fueran meramente formales para regímenes y Estados muy distantes, no ya del cumplimiento de tales derechos, sino de su mera observación. Más adelante, la ONU organizará las distintas misiones de paz y promoverá el derecho de intervención humanitario; asumirá el traslado a su jurisdicción de diversos conflictos territoriales heredados del pasado; y pondrá en marcha grandes conferencias temáticas para afrontar problemas globales relacionados con la pobreza, el desarrollo, la educación y tantos otros.

Sin embargo, la dinámica bipolar y las estrategias de defensa motivadas por el desarrollo del armamento nuclear, entre otras cuestiones, desvirtuaron la oportunidad para fortalecer un orden internacional mejor regulado y más institucionalizado. El nacimiento de la OTAN y luego del Pacto de Varsovia; las alianzas de seguridad regionales; las organizaciones de cooperación económica de distinto signo político; los movimientos alternativos como el de los

Países No Alineados; el bloqueo del Consejo de Seguridad a partir del derecho de veto. Hechos y políticas que encaminaron a la sociedad internacional hacia otra dinámica distinta, liderada a partir de ahora por una nueva categoría de actor, la de superpotencia, privilegiada por la naturaleza devastadora, temible y de largo alcance de su armamento, invencible en un enfrentamiento directo, pero no imbatible en otros teatros de operaciones activados durante la guerra y la posguerra fría.

El objetivo de este trabajo no es describir la dinámica de la bipolaridad, tan profundamente analizada en múltiples estudios históricos y politológicos, sino el de destacar que el orden bipolar resultante de las estrategias de ambas superpotencias en sus asimétricas zonas de influencia y alianza, repercutido en un escenario mundial de confrontación, transformará la visión geopolítica. Incluirá a partir de la década de los cincuenta a las armas nucleares como un elemento esencial para la determinación de la distribución del poder, que se diversificará en términos estratégicos en los tres dominios habilitados durante la Segunda Guerra Mundial, terrestre, marítimo y aéreo, a los que se sumará progresivamente, desde los años sesenta, el espacio extra-atmosférico.

El consumo y la propaganda de masas entran a formar parte de una concepción también híbrida del poder, donde a la fuerza militar y al poder económico se añade ahora el denominado poder blando (cultural), orientado a la integración o atracción de terceros países y de las sociedades más permeables a los efectos de los sistemas y medios de comunicación. La pugna entre grandes potencias y sus estrategias de propaganda ideológica se mundializa en todos estos escenarios y ponen a prueba la capacidad de proyección, o de resiliencia, de ambos modelos políticos en entornos regionales y en regímenes y sociedades poscoloniales.

Precisamente, el último orden internacional que la historia identifica, el liberal, se consolida a partir del colapso de los sistemas comunistas y la desmembración y desaparición de la Unión Soviética a partir de 1991. Entonces, la democracia y las tecnologías de la información, junto con los derechos humanos como conjunto de principios universalizables, proyectan un nuevo orden liderado por Estados Unidos, en el cual el resto de los actores internacionales se adaptan e integran. La Unión Europea con la ampliación al centro y este de Europa, China con su modelo de un país, dos sistemas, y luego Rusia y otras potencias emergentes entran en una fase de liberalización comercial y de intercambios. Una dinámica abierta y enriquecedora que termina colisionando por distintos motivos con algunos de los principios que la habilitan, como la libertad de flujos, que provocará algunas tendencias corrosivas de la globalización: la especulación y la deslocalización; los movimientos masivos incontrolados; la expansión del crimen organizado, la radicalización y el terrorismo globalizado; los desequilibrios y la sobreexplotación.

Al orden liberal volveremos en el capítulo final del libro. Hasta aquí hemos descrito algunos aspectos de la evolución del orden moderno y contemporáneo para comprender mejor el marco tradicional que las principales doctrinas asumen como válido para la explicación del concepto de orden internacional y su evolución. Pero tales explicaciones no aciertan a resolver algunos problemas esenciales de la cuestión: el de determinar qué principios y valores permiten poner en marcha o transformar un orden internacional; el de materializar esos valores en unos intereses comunes que incorporen los intereses de los actores dominantes sin que estos no sean divergentes con aquellos; y el de identificar las tendencias tecnológicas y culturales que hacen variar los intereses cuando el ámbito geopolítico o geoeconómico varía. Por estas razones, vamos a dar un salto en el análisis. Primero, para buscar respuestas en el pasado. Y después, para hacernos preguntas sobre el futuro.

4. IMPERIOS

La complejidad, ese parece ser el desafío fundamental que el orden moderno y contemporáneo no ha conseguido superar. Como si la sociedad internacional chocara cada cierto tiempo con una tendencia a la desorganización y el enfrentamiento que los hobbesianos identifican con la naturaleza conflictiva inherente al ser humano. Como si la búsqueda competitiva por el poder ahogara una y otra vez las aspiraciones de construir la paz y propiciar el progreso, que el ser humano alberga en su esencia y no consigue articular.

Al buscar una forma política que conceptualmente pudiera anticipar la idea de orden, la historia nos conduce a un camino donde el orden y el poder se confunden. En Roma, poder y orden conviven en las instituciones imperiales que han desbordado los límites de una gran ciudad-Estado. La más grande y poderosa de la Antigüedad. El *imperium populi romani* significaba el poder ejercido por los romanos sobre el resto de los pueblos circundantes. No necesariamente el poder militar de las legiones, sino la expansión de los beneficios de las leyes romanas sobre los ciudadanos romanos y sus socios y amigos. Con Octavio Augusto se asocia la idea de imperio a la territorialidad, de un espacio limitado por las fronteras, dominado previamente por los generales que ostentaban temporalmente el mando (el imperio), sobre los territorios y pueblos conquistados. A medida que se consolida la superioridad político-militar de Roma, el imperio se asocia también a la dimensión territorial[32]. La grandeza de Roma viene determinada por la expansión de su sistema de leyes más evolucionado, mejor defendido por sus instituciones y con la capacidad coercitiva de un ejército superior en recursos y estrategia. Y también por su extensión.

La fórmula imperial tampoco es originaria de la civilización romana, y descansa además sobre la influencia de tendencias sociales e ideas filosóficas anteriores. "Toda sociedad permanente tiene que descansar sobre un cuerpo de creencias y sobre la voluntad social que ese cuerpo de creencias origina", afirma Ernest Barker en *El Legado de Roma*[33]. Y añade: "El Imperio romano nació en el Mediterráneo oriental, en Constantinopla, donde murió". Es por tanto la consecuencia político-cultural de una fusión compleja entre lo griego y lo oriental. El genio jurídico de los romanos da solidez y engrandece a sus instituciones. Pero es en distintas civilizaciones de Oriente donde se origina la idea de una sociedad universal dirigida por un rey hombre considerado como un dios entre los hombres. Vamos a detenernos un momento en esta reflexión.

Antes de Alejandro Magno habían existido otros imperios: el semítico de Sargón de Acad (2750 a. C.); el de Hammurabi en Babilonia (2100 a. C.); el egipcio de Thutmos III y sus sucesores (1500 a. C.); el de la dinastía Zhou Occidental (1046-771 a. C.); el asirio de Nínive (750-660 a. C.); el caldeo de Babilonia (660-550 a. C.); el persa (539-330 a. C.).

32. Tal y como Virgilio lo refleja en la Eneida, "'I have given them empire without limit', Jupiter prophesies for the Romans in Virgil,s Aeneid", en *op. cit.* en cita 2, p. 355.

33. Barker, E. "El concepto de imperio" en C. Bailey, *El Legado de Roma*, Ediciones Pegaso, Madrid, 1944, p. 57.

Alejandro inició un proyecto universal que uniera los pueblos de Oriente y Occidente y superara las diferencias entre griegos y bárbaros. No aspiró nunca a la divinidad, pero proyectó una idea de universalidad, que fracasó.

En la etapa helenística, sin embargo, la filosofía griega tuvo una proyección mayor que en la época clásica. El estoicismo, siguiendo la exposición que hace Barker, consideraba al mundo como una unidad inteligible, impregnada de razón. Zenón, fundador de la escuela, era un fenicio helenizado de origen chipriota, aunque procedía del golfo de Cilicia donde luego nacerán Posidonio, sirio helenizado, y Pablo de Tarso, hebreo helenizado. Al buscar precisamente los restos del legado de aquella civilización en la historia posterior, Barker encuentra en ese territorio intercultural algunos fundamentos de la universalidad de la civilización romana. El "estado universal", explica, es solamente un aspecto político de esa unidad racional, que es el mundo, que se completa con una sociedad también universal, regida por una ley natural.

Si la razón es un atributo del ser humano, no hay diferencias entre seres humanos. La igualdad es por tanto el fundamento de la sociedad porque ante la ley natural, todos los seres humanos tienen los mismos derechos. Con ese ideal igualitario, la devoción a la ciudad se vuelve una creencia. Un culto que aglutina al resto de cultos en su seno. El cristianismo reinterpreta ese sentido universal para identificarlo con un dios único que integra a su vez al resto de cultos.

Pero el Imperio romano no nace a partir de una idea preconcebida y con un sentido universal. Nace a partir de la expansión agrícola primero y luego comercial en el marco de la península itálica y posteriormente en el Mediterráneo. Tras los conflictos sociales entre patricios y plebeyos, la estabilidad política se recondujo a través de cauces violentos, pero también gracias a la modificación y ampliación de los derechos políticos de los ciudadanos y sus instituciones (asamblea). Sin embargo, el conflicto social se reprodujo entre los ciudadanos romanos y el resto de los súbditos extranjeros que no gozaban de los derechos reconocidos por la legislación romana. Los colonos romanos sí tenían privilegios, pero los habitantes, o colonos no romanos, no gozaban de aquellos. Los choques entre pueblos y minorías y los abusos de los gobernadores de Roma (Gayo Verres[34]) generaban problemas de seguridad y falta de control de las fronteras, hostigadas por los pueblos limítrofes (bereberes en el sur, celtas y bárbaros en el norte y los reyes del Ponto y de Partia en el este). La llegada del ejército profesional y de los generales a estos territorios (Mario y Sila primero, Pompeyo y César después) derivó en un fortalecimiento del papel gestor y político de los militares que se convierten en líderes políticos con capacidad de gobernar hombres y negocios.

El cesarismo descansa en el poder militar pero también en el gobierno plebiscitario y la simpatía popular, reforzada por la propaganda imperial. Augusto era "el salvador enviado para terminar con las guerras y para poner orden en todas las cosas"[35]. Podría decirse que "el Imperio se inició en medio de la esperanza y continuó en medio del bienestar"[36]. La paz transformó al emperador en una suerte de salvador divinizado que exaltaba un sentimiento cuasi religioso que mueve a los ciudadanos a reconocerle un nuevo rango de *divus* en vida. Y el imperio se convierte en una institución político-eclesiástica que al mismo tiempo está gobernada desde una ciudad-Estado, sus leyes, sus órganos de gobierno y sus virtudes ciudadanas.

---

34. En el discurso titulado Las Verrinas, Cicerón acusa al propretor de Sicilia Gayo Verres de semejantes excesos y abusos de poder. Cicerón, M. T. *Discursos I y II*, Biblioteca Clásica Gredos, Madrid, 1990.
35. *Op. cit.* en cita 33, p. 76.
36. *Op. cit.* en cita 33, p. 75.

> As Augustus (27 B.C.) transformed the structures of roman politics and the army, the government of the Empire, the appearence of the city of Rome and the underlying sense of what Roman power, culture and identity were all about... Augustus also transformed himself, in a staggering shift from brutal warlord and insurgent to responsable elder statesman[37].

Las provincias del imperio abolieron las diferentes nacionalidades y en torno a la nueva concepción imperial se creó una suerte de nación mediterránea[38]. Trajano y Adriano, de origen hispano, impulsaron una política de pacificación y luego de embellecimiento de la grandeza del imperio en distintas regiones. En el año 212 d. C. Caracalla promulgó la *Constitutio Antonina* que otorgaba la ciudadanía romana a todos los miembros libres del imperio. El desarrollo del derecho común había articulado la ciudadanía común y la nueva jurisprudencia desarrolló el derecho de gentes, es decir, la aplicación del derecho común a los no romanos. La realidad imperial, sin embargo, no tenía en realidad una visión universal. Los limes y las legiones delimitaban el espacio excluyente en el cual se asentaba el orden romano, enfrentado como hemos señalado a los pueblos vecinos. Pero si representa una primera experiencia de orden supranacional, en aquel caso diseñado y soportado por una "gran potencia" como era la ciudad-Estado de Roma.

37. "A medida que Augusto (27 a. C.) transformó las estructuras de la política y el ejército romanos, el gobierno del Imperio, la apariencia de la ciudad de Roma y el sentido subyacente de lo que eran el poder, la cultura y la identidad romanos [...] Augusto también se transformó a sí mismo, en un cambio asombroso de brutal señor de la guerra e insurgente a anciano estadista responsable". *Op. cit.* en cita 3, p. 340.
38. Una lectura de enorme valor para comprender de manera integrada el entorno del Mediterráneo como espacio civilizatorio y de intercambio y, por consiguiente, como un espacio geopolítico de permanente trascendencia histórica en las Relaciones Internacionales, es el libro del historiador José Enrique Ruiz Doménech, *El sueño de Ulises*, Taurus, Madrid, 2022.

De hecho, tal y como explican Heather y Rapley en su investigación compartida publicada en la obra *¿Por qué caen los imperios?*[39], el poder imperial romano se expandió desde el Mediterráneo hacia afuera por tierra porque no podía transportar sus legiones por mar para estabilizar la totalidad del territorio conquistado. A los asentamientos de población y repartos de tierra entre los soldados licenciados del ejército se añadió la paulatina incorporación de las provincias a la jurisdicción imperial y la creación de una segunda de zonas limítrofes en torno al Rin, el Danubio y el Éufrates, abiertas al intercambio comercial y a una convivencia basada en el interés mutuo, pero también al hostigamiento de pueblos vecinos.

La evolución histórica puso de manifiesto la necesidad estratégica de gobernar los territorios con fórmulas que se adaptaran a la nueva dimensión alcanzada. En primer lugar, a través de la gestión imperial con el apoyo de élites locales ubicadas en centros de poder descentralizados (Constantinopla, Tréveris o Milán). En segundo lugar, mediante las estrategias de control político militar de las fronteras a través de la incorporación de territorios y estructuras de interposición (Siria e Irak en el siglo II, para frenar el hostigamiento de la dinastía arsácida persa, o el Muro de Adriano en Britania) y a través de las alianzas con confederaciones bárbaras. Y, finalmente, a través del empoderamiento de la institución imperial, posteriormente dividida en su estructura política en dos polos político-administrativos, el Imperio romano occidental y el oriental, y administrada con distintas fórmulas (diarquía, tetrarquía) y regulaciones. Posteriormente, la inclusividad en torno a una idea universal e igualitarista de carácter civil fue sustituida por otra idea de carácter religioso igualmente universalista y socialmente niveladora, el cristianismo.

39. Heather, P. y Rapley, J. *¿Por qué caen los imperios?*, Desperta Ferro Ediciones, Madrid, 2023.

La decadencia de las estructuras sociopolíticas se hicieron patentes ante las acometidas de los pueblos no romanizados que invaden y destruyen la debilitada estabilidad de la parte occidental del imperio[40]. El cristianismo permanece, sin embargo, como el heredero de una institución que a partir de este periodo se transforma en un concepto distinto, pero duradero en la siguiente etapa de la Edad Media. Y aporta, en términos históricos, una lección sobre la idea de orden, o mejor dicho dos: que la ruptura de un orden declinante desemboca en un periodo de desorden confrontado por fuerzas de índole político y por nuevos principios ideológicos; mientras hereda al mismo tiempo una serie de tendencias que condicionan la evolución del nuevo escenario. Así, por ejemplo, las consecuencias del reformismo luterano a comienzos del siglo XVI condujeron a un periodo de confrontación entre entidades políticas europeas hasta la paz de Augsburgo, pero después se reprodujeron en el siglo XVII. Y de manera similar, las ideas revolucionarias del liberalismo político pervivieron en la Europa de las grandes potencias decimonónicas después de la derrota del ejército francés en 1815 y el fin del primer proceso revolucionario.

San Agustín, obispo de Hipona, entre otros pensadores cristianos, transforma el sentido político-filosófico de la universalidad por un sentido espiritual y religioso. En *La ciudad de Dios* (412-426 d. C.) critica al Imperio romano por sus abusos y acciones militares desmedidas, por sus conquistas sangrientas, y concibe un nuevo orden que divide la estructura social en dos ámbitos, uno terrenal, pervertido y pagano, y otro espiritual, aspiracional. La violencia ejercida desde el propio Imperio romano y la de los bárbaros bajo el mando de Alarico I al entrar en Roma mueve al filósofo a promover un nuevo orden transformador de la sociedad a partir de la construcción de una esfera

40. Sobre la cuestión puede consultarse la *op. cit.* en cita 39.

espiritual, que representa la Iglesia, y otra terrenal, que representará el imperio medieval, en cuya coexistencia y protección común fuera desarrollándose el plan de Dios para la humanidad[41].

La separación entre el poder de la Iglesia y el del Estado tomó forma en la Europa occidental, pero no en el imperio oriental, donde tal división no se reproduce y cuya unidad es además regulada a partir de la llamada "donación de Constantino" en el año 451 d. C., que otorgaba al patriarca de la Nueva Roma, Constantinopla, la superioridad sobre el obispo de Roma. El imperio se fracturaba así entre dos polos político-culturales, cuyo distanciamiento se pondría de manifiesto en la Alta Edad Media cuando el emperador de Bizancio no reconociera la jurisdicción ni, por tanto, la autoridad del emperador occidental heredero de Roma en el territorio bizantino.

El poder papal asentado en Roma permaneció en la Europa occidental a medida que se fue desarrollando la expansión del cristianismo entre los reyes y pueblos germanos, celtas y nórdicos durante la Alta Edad Media. La idea universal de la cristiandad se abrió camino hasta que finalmente, en el año 800 d. C., Carlomagno[42] fue coronado emperador del Sacro Imperio Romano Germánico, lo cual le convertía en rey de los germanos, emperador de los francos y protector del papa. Se iniciaba un nuevo periodo histórico de enorme complejidad para determinar la preponderancia del emperador sobre los reinos y su relación jerárquica con el papado.

41. Resulta especialmente interesante la obra del historiador James Muldoon, *Empire and Order*, publicada en Macmillan Press en 1999. Un estudio impecable e ilustrador de la complejidad política medieval en un periodo que abarca desde el año 800 d. C. hasta el 1800. Muldoon se refiere también a esta influencia de San Agustín en la transformación filosófica del concepto político de imperio y al impacto que tuvo después en la baja Edad Media en autores como Dante.

42. Resulta especialmente interesante el análisis del historiador James Muldoon, *op. cit.* en cita 41.

El pretendido orden de la cristiandad se vio imposibilitado por diferentes razones históricas. La primera de carácter estratégico, ante la inexistencia de una fuerza hegemónica o un poder político estabilizador. Los diferentes territorios feudales y reinos de distinta dimensión cohabitaban en un espacio regido por leyes o costumbres locales, privilegios, autoridades eclesiásticas, delegados papales, alianzas dinásticas, conflictos armados, instituciones ciudadanas, tradiciones gremiales y comunales, reyes y nobles, además de una serie de autócratas con poder militar. La bicefalia pretendida por Carlomagno y León III no consiguió recrear un modelo imperial que se superpusiera jurídica y políticamente a la dinámica localista medieval. Aunque Otto I recuperará en 962 el título de emperador después de su victoria frente a los magiares, la solución imperial no consiguió consumar un modelo legitimado de autoridad.

Al contrario, se abrió entonces una larga disputa en torno a la jerarquía entre ambas instituciones, resuelta en primer término en el Concordato de Worms (1122) que proponía la superioridad del papado y la ceremonia de coronación, legitimadora del emperador. Pero esta fue inmediatamente contestada por la dinastía Hohenstaufen, que señalaba a la elección del emperador por parte de los distintos príncipes alemanes como el instrumento legitimador, y otorgaba a la coronación solamente un papel litúrgico. Sin embargo, la disputa filosófica tendría mayor recorrido, y a la cuestión en torno a la legitimación le sucedió en 1140 el debate sobre la autoridad de una institución sobre la otra. El papa Gelasio I resolvió el conflicto entre poderes mediante el reconocimiento de una responsabilidad igual y compartida de ambas instituciones hacia la humanidad: la del papado como autoridad sagrada (*auctoritas*) y la del emperador como poder real (*potestas*). Una para imponer su criterio en los temas espirituales y otra para ejercer el poder en torno a los asuntos temporales, en una sociedad con esa doble dimensión. El debate, sin embargo, continuó entre los canonistas, y las distintas interpretaciones discordantes tuvieron también consecuencias en diferentes conflictos políticos y religiosos en la Baja Edad Media y la Edad Moderna[43].

Además de verse envueltos en las disputas jurídicas y políticas, los reinos cristianos y los Imperios bizantino y Romano Germánico convivieron o se enfrentaron durante la Edad Media con los distintos califatos musulmanes a partir del siglo VIII en diferentes territorios de Oriente Medio, el Mediterráneo, la Europa balcánica y central, el norte de África y en la península ibérica. Multiplicando, con ello, la complejidad y generando un desorden asimétrico, en el cual la pretendida universalidad de la concepción cristiana se vio enfrentada con una visión competitiva, e igualmente universalista, promovida por el islam.

A partir el siglo XII resurge la concepto del emperador como dominador del mundo, rescatando la idea de las leyes romanas y su prevalencia en el curso de la historia. Dante, en *De Monarchia*, defendería más adelante el origen sagrado del Imperio romano, en el cual Cristo había actuado de acuerdo con sus leyes[44], y que había sido capaz de vencer a los imperios euroasiáticos y mediterráneos anteriores como exponente de la fortaleza de sus leyes y costumbres civilizadas y civilizatorias: "Que el pueblo romano pretendiera el bien común, sometiendo el orbe de la tierra, lo declaran sus gestas, en las que, eliminada toda ambición y amante de la paz universal en libertad, aquel santo, piadoso y glorioso pueblo, parece haberse olvidado

43. Debate profusamente explicado también en la obra de Muldoon, *op. cit.* en cita 41.

44. "Cristo como atestigua su relator Lucas, quiso nacer de madre virgen bajo el edicto de la autoridad romana, para que el hijo de Dios hecho hombre, se inscribiera como hombre en aquel singular censo. Lo que significaba acatarlo", escribe Dante. Véase Alighieri, D. *Monarquía*, Tecnos, Madrid, 2009, p. 78.

de su propio provecho para preocuparse del bienestar público del género humano"[45].

Invocaba incluso la profecía de Daniel, que establecía el quinto gran imperio, el de Roma, como el definitivo. La idea de Dante de un Imperio romano triunfador, con el beneplácito de Dios, después de las luchas entre reinos e imperios dirigidos por el anticristo, entronca con la idea bíblica que concibe la idea de un plan de Dios en la historia para alcanzar un orden. Así, según Polibio, el cuarto imperio habría sido Roma, después del persa, el lacedemonio y el macedonio; y según San Agustín y San Jerónimo, el quinto iba a ser el cristiano, después del asirio, el persa, el macedonio y el romano, en una historia lineal y diseñada por el creador. Para Dante, el quinto sería el romano, después del asirio, el egipcio, el persa y el de Alejandro. Pero el planteamiento se desvanece con la llegada del humanismo renacentista, y los fundamentos jurídicos y filosóficos no se sostienen en un mundo en proceso de relanzamiento cultural.

El emperador como dominador del mundo tampoco era compatible con el Imperio cristiano oriental. Huguccio niega la posibilidad de que Bizancio fuera contemplado heredero universal del Imperio romano cristiano, al considerar que no es elegido por los romanos y que además no aceptaba la supremacía de la Iglesia de Roma. Por señalar otro ejemplo relevante, en términos históricos, la superioridad del imperio sobre las leyes de los reinos fue rechazada en Inglaterra, entre otros argumentos jurídicos, cuando se rechaza el *Decretum Gratiani* (1142), que reconocía la superioridad del marco legal romano en temas específicos como la herencia o la prescripción del contrato, lo cual es considerado por los ingleses como una aplicación de las leyes romanas por encima del *common law*, y por tanto una interferencia extranjera en los asuntos ingleses.

45. *Op. cit.* en cita 44, p. 53.

Algunas lecciones sobre el orden se pueden aprender de la Roma imperial y de la cristiandad medieval. La primera es que el orden no se establece a partir de una idea universal ni a través de la pervivencia prolongada de un poder hegemónico. La universalidad hay que aterrizarla sobre un entramado político y cultural diversificado, tendente a la complejidad; y la hegemonía se debilita y desaparece. La segunda es que el orden no se traslada a una etapa histórica diferente mediante la reconstrucción de unas instituciones que lo hicieron posible en el pasado. Una nueva realidad histórica necesita nuevas estructuras.

El humanismo renacentista incorpora unas reflexiones sugerentes e innovadoras cuyas consecuencias se plasman en distintas propuestas políticas en la Edad Moderna. Para algunos de aquellos humanistas cristianos, como Nicolás de Cusa, la importancia de la institución está en los valores y no tanto en el ejercicio institucional del poder. Otros perciben, en términos históricos, la influencia corrosiva que tuvo el imperio sobre la república, considerada de nuevo en el Renacimiento como una forma más avanzada de gobierno. Antes y de manera paralela a que Maquiavelo publicara *El príncipe*, los humanistas promovieron unas visiones críticas con la estructura imperial derivada de las dos espadas medievales y anticiparon, con ellas, el camino para el reconocimiento de la soberanía estatal, antes ciudadana en algunos ámbitos políticos bajomedievales, como solución para la armonización del complejo entramado jurídico-político e ideológico al que nos hemos referido brevemente.

Paradójicamente, la entrada en la Edad Moderna consolida algunas realidades imperiales de carácter regional, como el Imperio otomano en Europa oriental, que perviven y se hacen fuertes, y otras que se enfrentan a un marco geopolítico más universalizado, originado por el desarrollo de nuevas vías comerciales, y finalmente por el contacto con el Nuevo Mundo. Y también paradójicamente, en una época que cuestionaba cualquier orden fundamentado en la unidad de las creencias religiosas, el mayor imperio de la historia tomaría forma una vez constatada la existencia de un nuevo entorno geográfico que la navegación y la fortaleza militar renovada permitía explorar y conquistar.

No es fácil encontrar otro momento en la historia donde tuviera mayor sentido el término *disrupción*, asociado en nuestra época a la llegada de un nuevo entorno digital que está trasformando nuestra concepción de la sociedad y nuestra interpretación de la otredad, que a partir de 1492. La palabra *disrupción* hubiera encontrado entonces todo un sentido geopolítico cuando la expedición financiada por la reina de Castilla arribó en aquella fecha en el territorio americano.

> The most extensive period of imperial developement was from the sixteenth century to the nineteenth century. No medieval monarch ruled a domain as extenisive as that of the Holy Roman Emperor, Charles V (the last protector and agent of the Church), or that of the Spanish Monarch Philipe II, who ruled more than twenty kingdoms[46].

4.1. GRANDES POTENCIAS IMPERIALES

Felipe II (1556-1598) no tenía un programa escrito de gobierno para ordenar la inabarcable dimensión de la monarquía hispánica y su vasta complejidad, que integraba el imperio castellano del Atlántico, el imperio aragonés del Mediterráneo, los territorios del papado, las provincias holandesas, los territorios insulares y continentales en

46. "El periodo más extenso de desarrollo imperial fue del siglo XVI al siglo XIX. Ningún monarca medieval gobernó un dominio tan extenso como el del emperador del Sacro Imperio Romano Germánico, Carlos V (último protector y agente de la Iglesia), o el del monarca español Felipe II, que gobernó más de 20 reinos". En *op. cit.* en cita 41, p. 235.

Asia, África e India, y las islas dispersas en distintos mares y océanos. Sobre la trascendencia de la monarquía hispánica, afirma el historiador inglés J. H. Elliot:

> For a few fabolouse decades Spain was to be the greatest power on earth. During those decades it would be all but the master of Europe; it would colonize vast new overseas territories; it would device a governamental system to administer the largest, and most widely dispersed empire the world had yet seen; and it would produce a highly distinctive civilization, which was to make a unique contribution to the cultural tradition in Europe[47].

El Tratado de Tordesillas había intentado establecer un orden jurisdiccional sobre los territorios incorporados por las Coronas de Portugal y España. Pero el Nuevo Mundo ponía de manifiesto la imposibilidad de trasladar un orden anterior sobre un marco internacional recién descubierto e indefinido. Para el papado, el control sobre los territorios de ultramar era la última oportunidad para intervenir como un actor estratégico en las relaciones internacionales modernas. Para la escisión luterana, de alguna manera, era un motivo para manifestar su rechazo sobre la naturaleza del poder que sobrevendría en el siglo XVI. Igual que Asia se ha convertido en el escenario estratégico prioritario de la actualidad, el mundo moderno había pivotado hacia el Atlántico y la circunvalación marítima advertía sobre el inminente y creciente proceso de globalización de las relaciones internacionales como una

47. "Durante unas cuantas décadas fabulosas, España iba a ser la mayor potencia del mundo. En esas décadas sería prácticamente el amo de Europa; colonizaría nuevos y vastos territorios de ultramar; diseñaría un sistema gubernamental para administrar el imperio más grande y más disperso que el mundo había visto hasta ahora; y produciría una civilización muy distintiva, que haría una contribución única a la tradición cultural en Europa". Elliot, J. H. *Imperial Spain (1469-1716)*, Penguin Books, Londres, 1990, p. 13.

tendencia de la modernidad que debería añadirse a partir de aquel momento a la tradicional naturaleza euroasiática de la geopolítica.

"Felipe II no era en absoluto un megalómano —escribe Enrique Ruiz Doménech—, ni vengativo, ni un fanático religioso, ni por supuesto el asesino en el que le convirtió la leyenda negra. Optimista por naturaleza, constituyó una figura inigualable y a la vez representativa de su tiempo"[48]. Su personalidad está basada en una formación de tradición monárquica, heredera de distintas dinastías europeas (Borgoña y Habsburgo, castellana y aragonesa) y directamente de su padre, el emperador: "Philipe was advised to keep in God always before his eyes, and to listen to the advice of good counsellors; he must never give way to anger; he must never do anything offensive to the Inquisition; and he must see that justice was dispended without corruption"[49]. Y de igual manera, la gestión de un entorno complejo e internacionalizado no era el producto de una quimera caballeresca, sino el resultado de una serie de experiencias políticas, militares y culturales que convergen en la historia y permiten a España convertirse en la primera gran potencia de la Edad Moderna. En modo alguno pueden resumirse todas ellas en unas pocas líneas, pero sí pueden destacarse algunas que repercutieron en la transformación del orden medieval en un orden moderno.

Los reinos ibéricos bajomedievales acumulaban una experiencia histórica de convivencia y enfrentamiento entre distintas religiones que les había permitido enriquecerse culturalmente y al mismo tiempo fortalecerse militar y políticamente. La capacidad de Castilla y Aragón

---

48. Ruiz Doménech, J. E. *España, una nueva historia*, RBA Libros, Barcelona, 2009, p. 477.

49. "A Felipe se le aconsejó que tuviera siempre presente a Dios y que escuchara los consejos de buenos asesores; nunca debe ceder ante la ira; nunca debe hacer nada ofensivo para la Inquisición; y debe velar por que la justicia se imparta sin corrupción", en *op. cit.* en cita 47, p. 249.

para hacer coincidir algunos de sus intereses vitales —Reconquista, Corona, unidad religiosa, descentralización institucional, comercio en el Mediterráneo, rivalidad con Francia— fortaleció a España como reino soberano, que adquiere mayor prestigio en el entorno de la cristiandad europea cuando los Reyes Católicos conquistan el reino de Granada en 1492 y responden a los intentos de los turcos por extender su influencia en el norte de África.

Tras la caída de Constantinopla en 1453, la amenaza otomana sobre la cristiandad occidental y el Mediterráneo había revitalizado los sentimientos de la cruzada medieval frente al islam invasor, ahora liderado por los turcos. La victoria en Granada y después el descubrimiento de América se vivieron con entusiasmo en una debilitada cristiandad, liderada por la dinastía Habsburgo y el papado. Los reinos de España, infravalorados y alejados del Sacro Imperio Romano Germánico en distintas etapas anteriores, se convertían en un Estado fuerte y estratégicamente situado que podía hacer frente en el Mediterráneo a los turcos y explorar nuevos enclaves en las rutas atlánticas.

El comercio en el mar Mediterráneo de catalanes, aragoneses y valencianos en la Baja Edad Media y el de la lana en el Atlántico proporcionaron a la actividad de la península una experiencia mercantil y una visión diversificada y abierta, permeable además a las actividades de comerciantes portugueses, genoveses o judíos. Y proporcionaron también una estrategia naval orientada al posicionamiento en las rutas marítimas del Mediterráneo occidental y al despliegue comercial en el Atlántico Norte y la exploración de nuevas rutas en el hemisferio occidental.

El progresivo descubrimiento de nuevos territorios en el Atlántico (Canarias) y en América conlleva de forma simultánea la necesidad ejercer el control sobre ellos, con la intención de explotarlos y con la voluntad de incorporarlos a la cultura cristiana. La experiencia comercial, militar y de asentamientos de población durante la Reconquista facilita la movilidad hacia los territorios transoceánicos (conquista, capitulaciones, encomiendas), su administración política (estructura de mandos, cabildos, consulados, centros urbanos) y el proceso de transculturación educativa y religiosa (escuelas, iglesias, órdenes religiosas, universidades).

La integración de algunos de los intereses nacionales hispanos con los intereses de los poderes supranacionales (defensa del catolicismo, rivalidad con el Imperio otomano, expansión colonial) permite a España transformarse en una gran potencia a partir del siglo XVI. Con suficiente autonomía respecto a los poderes europeos, pero con la necesaria vinculación a ambos en momentos decisivos como pudieron ser el descubrimiento y colonización del Nuevo Mundo, legitimado por el papado, o los conflictos y disputas en el Mediterráneo, apoyados por las alianzas de los Habsburgo, con el emperador Carlos V a la cabeza, a partir de 1520.

La integración con el poder imperial de los Habsburgo sitúa a España como uno de los reinos que lidera la transición del orden medieval hacia un nuevo orden premoderno y como el actor estratégico más relevante, capaz de defender los intereses comunes de la Corona, el Imperio y el papado, dotándoles al mismo tiempo de una visión hispana, por ejemplo, al haber asumido el control de la Iglesia en los territorios americanos a través del Patronato desde 1508: "In the new world the Crown was absolute master, and exercised a virtually papal authority of its own"[50]. Francia y los luteranos alemanes comprendieron que la amenaza no se encontraba en Roma y en Viena, sino en la potencia de España. La geopolítica en Europa variaba con la existencia de una potencia mediterránea y atlántica, que podía hacer frente a los turcos y a los europeos díscolos al

50. "En el Nuevo Mundo, la Corona era dueña absoluta y ejercía una autoridad prácticamente papal". *Op. cit.* en cita 47, p. 102.

mismo tiempo y que abastecía de riqueza y financiación al conjunto del Imperio. "I cannot be sustained except by my kingdoms of Spain"[51], reconocía el emperador, consciente, antes de abdicar, de que el poder imperial derivaría en una monarquía universal hispana.

Al orden medieval le había sucedido un entramado despolarizado de grandes Estados soberanos que no solo derivaban de los reinos más poderosos de la Europa cristiana occidental (España, Inglaterra, Portugal, Francia, Bohemia, Polonia, Suecia, Austria), sino también de los imperios que se habían consolidado en distintos territorios de Eurasia: el otomano sunita en el Mediterráneo oriental y Oriente Medio; el safávida chiita en parte de la antigua Persia; el mogol en el subcontinente indio y el ruso ortodoxo en el este. La navegación alteraría también las rutas comerciales tradicionales, y los descubrimientos multiplicaron los niveles de intercambio y generaron un proceso de enriquecimiento y liderazgo de los Estados con mayores capacidades navales y comerciales. Pero en ese proceso de reconfiguración política de mediados del XVI, solamente había dos poderes con capacidad de acción y de atracción: el Imperio otomano de Suleimán I, que asedió Viena en 1529, y la gran potencia euroatlántica, España.

La aparición en el Renacimiento del humanismo erasmista, que abandonaba el espíritu de las cruzadas medievales, entraba también en las élites españolas y en sus centros de pensamiento. La paz universal entre los pueblos que Erasmo transmitía y el emperador imaginaba movió a Carlos V a desplazarse hasta Worms en 1521 para entrevistarse con Lutero y encauzar las diferencias, aunque el monje agustino reformista las consideró irrevocables y el emperador inexplicables. Al error histórico de la expulsión de los judíos le sucedió un debate de marcado espíritu humanista en la Escuela de Salamanca, para acometer con

51. "No puedo ser sostenido sino por mis reinos de España". *Op. cit.* en cita 47.

mayor equilibrio y moralidad la convivencia y la evangelización de los pueblos con los que se había tomado contacto, cuyos ritos incivilizados causaban perplejidad, pero a los cuales se consideraba como humanamente semejantes.

La monumental extensión de la monarquía hispana y su potencia política y militar desbordaba los límites estratégicos conocidos hasta la fecha. Pero se comprometía, además, en la fundamentación moral de integrar a los nuevos pueblos y culturas, a partir del reconocimiento de sus derechos y de un proceso político-religioso de dominio y transculturación. El *ius communicacionis* elaborado por Francisco de Vitoria y la Escuela de Salamanca aportaba las bases para el desarrollo de un derecho internacional[52] que propiciara un orden cuyos valores político-religiosos fueran capaces de afrontar una nueva tendencia, como era el hecho de que la expansión propiciada por la educación y la ciencia (agricultura, cartografía, gramática, navegación) y por sus instrumentos legales, políticos y militares iba a poner en contacto realidades culturales muy heterogéneas y diversificadas: "The great school of Salamanca led by the dominican Francisco de Vitoria illustrates one of the most stinking characteristics of the Castille of Charles V and Philipe II; the constant and fruitful alliance between theory and practice, between the man of action and the man of learning[53]".

Aunque la acción de Bartolomé de las Casas y las Leyes Nuevas (1543) condujeron a la consideración de los indios

52. "Los españoles tienen derecho a recorrer aquellos territorios, aunque sin hacer daño alguno [...] por derecho natural son cosas comunes a todos las corrientes de agua y el mar, también los ríos y los puertos [...] las cosas que no son de nadie, por el derecho de gentes, son de quien las ocupa". Vitoria, F. *Sobre el poder civil. Sobre el poder de los indios. Sobre el derecho a la guerra*, Tecnos, Madrid, 2012, p. 129.

53. "La gran Escuela de Salamanca, dirigida por el dominico Francisco de Vitoria, ilustra una de las características más pestilentes de la Castilla de Carlos V y Felipe II; la alianza constante y fructífera entre teoría y práctica, entre el hombre de acción y el hombre de saber". *Op. cit.* en cita 47, p. 348.

como súbditos de la Corona, el choque cultural y las explotaciones coloniales tuvieron también consecuencias sociales y humanas lamentables y duraderas: la importación de mano de obra esclava en América y otras regiones; la letalidad provocada por las armas modernas; los desequilibrios socioeconómicos; y el sometimiento de minorías incapaces de adaptarse a los cambios que la nueva civilización imponía.

Pero al mismo tiempo, la expansión mercantil y comercial iba a transformar la dinámica internacional de forma integral, pues el crecimiento de la riqueza y los intercambios originaba nuevas relaciones de conflicto y competencia entre potencias. Los escenarios de rivalidad local y regional se trasladaban a partir del siglo XVI a un escenario de competencia más universalizado, que necesitaba unas estrategias renovadas y un poder político y militar redimensionado. Las alianzas entre dinastías y pequeños reinos medievales se convertían en una estructura de acuerdos y alianzas entre grandes Estados soberanos. Y los intereses geopolíticos pasaban a ser objetivos estratégicos a través de cuya consecución las potencias reforzaban su poder y la capacidad de permanencia de aquel en el tiempo.

Los conflictos entre potencias en el entorno europeo se veían reforzados por alianzas de mayor dimensión y se trasladaban a espacios extraeuropeos (Caribe, Oriente Medio, Extremo Oriente). En algunos casos, la motivación religiosa fundamentaba el acuerdo, como en el caso de la alianza entre España, Venecia y el papado para combatir a los otomanos en el Mediterráneo, o la de los Estados y reinos protestantes contra la hegemonía de los Habsburgo y España y su política de defensa del catolicismo. Pero en otros, un naciente interés nacional de carácter estrictamente político promovía una concepción distinta y moderna de las alianzas, y así Francia alcanzaba acuerdos con el Imperio otomano para combatir a España en el Mediterráneo, a lo cual España respondía pactando con el

Imperio safávida para hostigar a los aliados turcos de los franceses en Oriente Medio. El cambio de concepción lo recoge Henry Kissinger de la siguiente manera: "A working military cooperation emerged, including joint Ottoman-French naval operations against Spain and the Italian peninsula. Playing by the same rules, the Habsburgs leapfrogged the Ottomans to solicit an alliance with the Shia Safavid Dinasty in Persia. Geopolitical imperatives, for a time at least, overrode ideology"[54].

A las transiciones del inestable sistema político medieval, deficientemente tutelado por la institución del imperio, y del orden religioso, centralizado en el Papado y roto por la Reforma, se incorporaba una tercera transición, la geopolítica. El despliegue y administración del Imperio español significó la materialización territorial y política de una realidad soberana de carácter global, con un fundamento cultural de universalidad basado en la religión católica, pero reforzado ahora por la universalidad del territorio. Sin un emperador al frente desde 1556, y sin una institución supranacional religiosa universal que lo amparara (desde la paz de Augsburgo 1555), no existían mecanismos para dar forma a tal ordenación, más allá de la acción jurídica y estratégica que emanaba de la Corona hispana.

Con la integración en 1580 de la Corona de Portugal, España se consolida como una gran potencia imperial y transoceánica, sin posible equiparación con ninguna entidad política anterior ni con ningún imperio conocido hasta entonces, con objetivos estratégicos de una dimensión desconocida al sumar el dominio sobre el Mediterráneo occidental con el despliegue de la hegemonía marítima

54. "Surgió una cooperación militar funcional, que incluyó operaciones navales conjuntas otomanas y francesas contra España y la península italiana. Siguiendo las mismas reglas, los Habsburgo superaron a los otomanos para solicitar una alianza con la dinastía chií safávida en Persia. Los imperativos geopolíticos, al menos durante un tiempo, anularon la ideología". En *op. cit.* en cita 3, p. 109.

sobre el oriental (Lepanto, 1571), y en los océanos con la conquista de los nuevos territorios americanos y con la circunvalación de la totalidad del espacio desde el Pacífico (Filipinas). España en el centro del mundo y su rey, Felipe II, a la cabeza del orden internacional en proceso de transformación.

La gestión de la nueva realidad imperial, dominada por el rey de un Estado soberano, exige la organización de un entramado administrativo interno descentralizado y de una política exterior cohesionada. La estructura de los Consejos creados por el emperador Carlos V (de Castilla, Aragón, Italia, Indias, Finanzas, Gobierno de Navarra, Estado) se refuerza con los Consejos de Guerra, Portugal y Flandes, e igualmente se refuerzan los virreinatos. Se consolida la estructura de embajadas permanentes y se buscan soluciones para afrontar la magnitud del reto: el fortalecimiento de las flotas (superior en el Atlántico a la holandesa desde 1580) y de la armada; la modernización de los sistemas impositivos y la ampliación de los recursos (Potosí, 1570); la puesta en marcha de alianzas *ad hoc* (Santa Alianza, 1570) y posteriormente de alianzas defensivas permanentes (la Unión de Armas promovida en el siglo XVII por el conde duque de Olivares).

Un entramado estratégico de política exterior y de defensa, asimétrico y en permanente tensión militar y acción bélica, que defiende los intereses de la potencia imperial y proyecta, simultáneamente, a la monarquía hispana en al menos tres direcciones: noratlántica, mediterránea y americana. Además de otra potencial, en el Pacífico, y otra residual, en la Europa aliada de los Habsburgo. Y que afronta el reto de conciliar el descubrimiento de que la universalidad territorial es posible, con la intención de abarcarlo y con la viabilidad de administrarlo.

> The ability to maintain its control over vast areas of widely scattered territories, at the time when governmental techniques had

scarcely advanced beyond the stage of household administration, and when the slowness of communications would seen at first sight to have made long distance government impossible. No other XVI or XVII century state was faced with so vast problem of administration, and few succeed in preserving over so long period such a high degree of possible order in an age when revolts where endemic[55].

La experiencia ibérica mueve al resto de potencias a redimensionar su poder y acometer estrategias para construir imperios transoceánicos competitivos y para establecer un orden de rivalidad, basado en el equilibrio pero soportado por la capacidad militar de sus ejércitos y sus fuerzas navales. Cualquier posibilidad en torno a la construcción de una idea o unos valores universales más allá de los intereses de cada una de ellas se desvaneció durante algún tiempo. Las nuevas ideas universales, a partir de entonces, pasaron a denominarse la Gran Bretaña, la *grandeur* francesa, el imperio del sol naciente o el imperio de los zares. Hasta que las ideologías hicieran su aparición. Pero la idea política y estratégica de una gran entidad soberana convertida en un actor determinante, con capacidad de influencia global y con intereses propios y mundializados, se convirtió en la pieza esencial para la consecución y el establecimiento de cualquier propuesta en torno a un orden internacional a partir de entonces.

La paz de Westfalia y después la de los Pirineos plantean un sistema basado en los equilibrios fronterizos en

55. "La capacidad de mantener su control sobre vastas áreas de territorios muy dispersos, en una época en que las técnicas gubernamentales apenas habían avanzado más allá de la etapa de administración doméstica, y cuando la lentitud de las comunicaciones parecía a primera vista haber hecho imposible el Gobierno a larga distancia. Ningún otro Estado del siglo XVI o XVII se enfrentó a un problema de administración tan vasto, y pocos lograron preservar durante un periodo tan largo un grado tan alto de orden posible en una época en la que las revueltas eran endémicas". *Op. cit.* en cita 47, p. 383.

Europa. Pero en el siglo XVIII se reconfigura en un entorno global donde las grandes potencias actúan, reclaman y ajustan sus posesiones. Se reconvierten en potencias imperiales y, paradójicamente, retoman la figura de un emperador (Rusia, Austria-Hungría, la Francia napoleónica, Gran Bretaña en el siglo XIX con su monarca y emperatriz de India, a la vez cabeza de la Iglesia anglicana, o el Imperio turco, último califato musulmán) que rige desde su capital y metrópoli los destinos de territorios y pueblos donde implanta su dominio. La legislación para organizar esas estructuras emana de la voluntad del Estado central y se desarrolla a través de leyes internas que se imponen en las colonias, de acuerdos comerciales y de tratados que delimitan las posesiones y las zonas de influencia en distintas regiones. Paralelamente, la Revolución Industrial incorpora nuevos instrumentos científicos y militares que apuntalan el liderazgo europeo sobre la totalidad del espacio terrestre y marítimo. El rey de las Españas, también paradójicamente, no se transformó en emperador, aunque en opinión de Solórzano Pereira sí le correspondería tal denominación[56].

Pero el orden europeo estaba predestinado al fracaso, precisamente porque la naturaleza estatal de los objetivos de las potencias en un entorno de intereses globales se vio debilitada por distintas tendencias sociales y culturales, que rechazaban la aceptación de un poder dominador que distinguiera entre ciudadanos y territorios con unos derechos legítimos y otros, pertenecientes a la misma entidad soberana, con unos derechos distintos no legitimados, los territorios coloniales. Y también porque el poder hegemónico, que era regional, en definitiva, aun desplegándose

56. El último emperador legítimo, de acuerdo con la tradición histórica romano germánica, había sido Carlos I de España, V Emperador del Sacro Imperio Romano Germánico en 1530, cuando fue coronado por el papa Clemente VII.

en un espacio definido por la pertenencia a un imperio, pero en el cual el orden lo imponía la potencia-metrópoli (hegemónica dentro de él), termina debilitándose por razones diversas. Entre otras: la madurez política alcanzada por la estructura administrativa colonial (la América hispana); la autonomía económica y comercial de las sociedades coloniales (las colonias inglesas de Norteamérica); la diversidad de creencias y culturas (los Balcanes y el Medio Oriente turco otomano) y, posteriormente, las reivindicaciones nacionalistas de los pueblos (la Europa central y la eslava del sur en el austrohúngaro); y la presión social y cultural ejercida sobre las minorías autóctonas (en África mediterránea, subsahariana y del sur; en India y zonas de China; y, más adelante, en Indochina e Indonesia).

5. ORDEN MUNDIAL

5.1. ORDEN Y TRANSFORMACIÓN

"The problem of order, particularly international order was the most difficult and the last to be solved by the human race[57]", aseguraba Kant. Y podría decirse que la sociedad internacional ha alcanzado un nivel de interdependencia y complejidad suficiente como para que la premonición del filósofo alemán se manifieste con toda claridad en la actualidad.

La concurrencia de la cuarta revolución industrial con la aceleración de la digitalización y los impactos impulsados por la inteligencia artificial (IA), así como las incertidumbres económicas, la inflación y la crisis energética, y la reaparición de la guerra en Europa (Ucrania), son algunos de fenómenos que están ocasionando una enorme inestabilidad global en la actualidad. Como lo son el deterioro de las cadenas de suministro o los efectos del cambio climático. Pero tal inestabilidad no es una circunstancia

57. "El problema del orden, particularmente el orden internacional, fue el más difícil y el último en ser resuelto por la raza humana". *Op. cit.* en cita 3, p. 40.

coyuntural, sino más bien una dinámica propia de las dos primeras décadas del siglo XXI, lo cual lleva a plantear como una hipótesis viable la integración sucesiva de una serie de transformaciones que nos conducen probablemente a un cambio de era, motivado por las perspectivas del impacto tecnológico, la lucha competitiva por el poder entre las grandes potencias, y por este conjunto de incertidumbres generadas por la economía, la diversidad cultural y la complejidad política.

A esta complejidad se añaden cuestiones de profundo calado en las relaciones internacionales, como pueden ser la confrontación entre la democracia y la autocracia en distintos países y culturas; el giro del centro de gravedad económico, demográfico y tecnológico hacia la región de Asia Pacífico; las aspiraciones revisionistas del orden mundial por parte de Rusia y China; o el incremento de las tensiones políticas y geoestratégicas en el Mediterráneo y el norte de África, el denominado flanco sur europeo, de especial interés para la seguridad y el abastecimiento energético de nuestro país y de la propia Unión Europea. Cuestiones todas ellas de especial impacto en la estrategia de defensa y seguridad euroatlántica, tal y como reflejan las reflexiones, acuerdos y documentos de la Asamblea General de la OTAN celebrada en Madrid en el mes de junio de 2022, y que de manera concreta recoge el nuevo concepto estratégico de la alianza. Estos procesos de cambio cultural y disrupción tecnológica coinciden en efecto con una reconfiguración geopolítica y geoeconómica global, motivado tanto por los intereses políticos de las potencias como por las necesidades energéticas y el diseño de grandes proyectos estratégicos de desarrollo.

Esta complejidad había sido advertida y resumida por Henry Kissinger de la siguiente manera: "Every age has its leitmotifs. In the medieval period it was religion. In the Enlightment it was reason. In the nineteenth and twentieth century it was nationalism combined with a view of history. Science and technology are the governing concepts of our age"[58].

Ciencia y tecnología han conformado una serie de tendencias (conectividad, sostenibilidad, diversidad) que determinan el progreso social y las estrategias corporativas y nacionales para adecuarlas a la nueva configuración del orden internacional, estructurado en seis dominios desde la llegada del ciberespacio y del dominio cognitivo. "What is new in the present era is the rate of change of computing power and the expansión of information technology into every sphere of existence"[59], asegura Kissinger para explicar que esta totalidad se aglutina en el ciberespacio y la actividad humana se clasifica en datos y es accesible, cuantificable y analizable por un sistema de procesamiento de información. Y que ningún Gobierno en esta era ha sido capaz de controlar los flujos o de resistir la tendencia e imponer su criterio para imponer sus operaciones en el dominio digital. Algo similar ocurre en la sociedad como consecuencia de los efectos producidos por las interacciones en el entorno digital. La sociedad se ha desestructurado en diferentes intereses y propuestas políticas. Los lazos y elementos de cohesión se han roto o se han reconfigurado y las identidades han hecho su aparición.

En la era de las armas nucleares, añade el politólogo, la estabilidad estratégica estaba definida como un equilibrio en el cual ninguna parte podría usar sus armas de destrucción masiva porque el adversario sería siempre capaz de infligir un nivel de destrucción inaceptable a su rival:

58. "Cada época tiene sus tendencias dominantes. En la época medieval era la religión. En la Ilustración fue la razón. En los siglos XIX y XX fue el nacionalismo combinado con una visión de la historia. La ciencia y la tecnología son los conceptos rectores de nuestra época". *Op cit.* en cita 3, p. 330.

59. "Lo nuevo en la era actual es el ritmo de cambio de la potencia informática y la expansión de la tecnología de la información en todas las esferas de la existencia". *Op. cit.* en cita 3, p. 342.

"Technological supremacy turned into geopolitical impotence"[60]. Argumento que podríamos reforzar incorporando otros ejemplos históricos, por ejemplo, el de la aparición de las soberanías y el respeto a las fronteras a partir de Westfalia, que estabilizó las luchas internas y sectoriales motivadas por la religión, pero que terminó bloqueando los acuerdos entre potencias cuando estas colisionaron en los procesos revolucionarios ante el intento de Francia de convertirse en la potencia hegemónica. Y más adelante cuando el concierto de imperios europeos colisionó en la Primera Guerra Mundial.

Haciendo un paralelismo con la era nuclear, Kissinger destaca que de manera similar a como ocurrió en la época de la disuasión nuclear, cuando la configuración de un equilibrio disuasivo evitó un choque devastador e incontrolable, el nuevo equilibrio en la era digital tiene que evitar un choque en el ciberespacio, cuyas acciones podrían conducir a un escenario de conflicto de consecuencias imprevisibles: "A new world of deterrence theory and strategic doctrine now in its infancy requieres urgent elaboration"[61].

En la nueva era de la conectividad, al análisis de datos habría que añadir una profunda reflexión sobre el impacto de la IA que, paralelamente, se incorpora a la complejidad provocada por las tecnologías de gestión de la información. La capacidad de inmersión de la IA en los sistemas de seguridad, de armamento, productivos y de comunicación a través de la programación convierten a esta nueva tecnología en una pieza hipertransformacional cuyo impacto no está determinado. Por el contrario, en el orden que empieza a reconfigurarse es un elemento de disrupción

60. "La supremacía tecnológica se convirtió en impotencia geopolítica". *Op. cit.* en cita 3, p. 332.

61. "Un nuevo mundo de teoría de la disuasión y doctrina estratégica que ahora está comenzando requiere una elaboración urgente". *Op. cit.* en cita 3, p. 347.

permanente cuya evolución producirá una constante necesidad de revisión de acuerdos. Y que además tendrá una influencia específica en el dominio cognitivo y por consiguiente en el conjunto de sistemas de comunicación política y corporativa que impactan en la opinión pública y en los mercados.

Pero la complejidad para comprender la orientación de las tendencias que dinamizan el nuevo orden y los espacios donde este se asienta está motivada además por la estructura de potencias y actores estratégicos, que se manifiesta como un marco insuficientemente definido e igualmente dinámico y abierto. Yan Xuetong define el orden internacional como una yuxtaposición entre la estructura del poder y la capacidad normativa que dicha estructura produce[62]. A la estructura de soberanías de la cual parte el nuevo orden se sobrepone una estructura de potencias con capacidad de actuar sobre el diseño de acuerdos y marcos de relación. Pero tal estructura se encuentra hoy en una crisis motivada por la reconfiguración del poder entre los distintos actores y por la ausencia de una visión común, ni teórica ni política, para explicar los parámetros que definen a una potencia en la actualidad, que hasta ahora estaban identificados por la dimensión demográfica, geopolítica y económica de los actores, por su influencia cultural y por su voluntad de actuación. Por ello, además de una identificación de tendencias y problemas globales, se hace necesario y urgente la comprensión de lo que significa ser y ejercer como una potencia o actor estratégico en nuestro tiempo.

Al no existir unos parámetros establecidos por un gran tratado como puede ser el que resulta históricamente al final de una guerra, ni tampoco una estructura derivada de la influencia dominante de un polo de poder, ni tampoco una

62. Xuetong, Y. *Leadership and the rise of Great Powers*, Princeton University Press, Princeton, 2019.

estructura de bloques, el orden transitorio actual de competición entre grandes potencias provoca una competición previa por actuar como tal en un marco de cooperación y de rivalidad. Este marco ha situado a China en un nivel de poder e influencia cercano al de Estados Unidos, en áreas tan significativas como Asia Pacífico, y a otras potencias medias, India o Brasil, en una segunda esfera de creciente influencia regional y sectorial, donde se mantienen Japón y las potencias de la Unión Europea y Reino Unido, y donde se incorporan o aspiran a incorporarse países como Corea del Sur, Australia, Canadá, Turquía, Irán, Arabia Saudí o Sudáfrica. En cada caso, en función de sus intereses económicos, su afinidad y compromisos políticos, o su proximidad geográfica y cultural.

En este proceso de redistribución del poder global entran en juego además cuestiones como el valor geopolítico del actor, su papel como proveedor de recursos tecnológicos o estratégicos y su voluntad de actuación como un actor estratégico. De esta manera, países como España, Italia, Polonia, Países Bajos o Suecia en Europa, miembros de la OTAN y redimensionados por motivos geopolíticos; como México o Colombia en América; como Malasia, Indonesia, Singapur o Pakistán en el Índico; como Israel, Emiratos Árabes, Egipto, Argelia y Marruecos en Oriente Medio y Magreb; como Nigeria y Angola en África occidental; o como Vietnam, Tailandia, Corea del Norte y Taiwán en Extremo Oriente, entran a formar parte de un tablero abierto cada vez más interconectado, donde sus intereses puedan reforzarse a partir de renovadas estrategias nacionales o integradas en alianzas, organizaciones y acuerdos existentes o de nueva creación.

En una reciente publicación del Council of Foreign Relations (CFR)[63] se preguntaba a expertos de distintos *think tanks* y de departamentos de universidades, en su

63. Disponible en https://lc.cx/aj9-BH.

mayoría estadounidenses, sobre la distribución global de poder y en concreto sobre si consideraban que la permanencia de un orden unipolar seguía siendo prevalente por encima de la conformación de un orden multipolar. Una mayoría de los 69 expertos en relaciones internacionales se mostraba en desacuerdo o claramente en desacuerdo con la prevalencia de un orden unilateral, aunque la distancia no era significativa si se sumaban las opiniones de los que se consideraban neutrales ante la pregunta y los que se manifestaban a favor de esa valoración unipolar del orden internacional.

Entre los que se mostraban a favor, Moisés Naim (Carnegie Endowment), Manjari Chatterjee (Council of Foreign Relations) o el propio Yan Xuetong (Tsinghua University), la respuesta no era tanto en favor de la visión unipolar, sino en contra de la visión multipolar. Para ellos, el poder está distribuido en un polo todavía dominante, Estados Unidos, o en dos, incluyendo a China. Pero no en distintos polos de influencia. La fuerza militar y estratégica de Estados Unidos, a través de sus alianzas, y el poder económico de ambas potencias son los argumentos que plantean, prioritariamente, este grupo de expertos.

Entre los que se mostraban en claro desacuerdo —Mark Leonard (European Council), Jonathan Kishner (Boston College), John Müller (Cato Institute), Robert Kaplan (Foreign Policy Research Institute) o John Mearsheimer (University of Chicago)—, los argumentos aducidos son más variados. Por un lado, están los que reducen la capacidad hegemónica de las grandes potencias a entornos regionales y, por tanto, vinculan su poder con la necesidad de compartirlo con actores e intereses regionales. Por otro, los que destacan en su respuesta la progresiva emergencia de nuevas potencias. Y, finamente, los que refuerzan la idea de la creciente debilidad de Estados Unidos tras los años de conflicto en Afganistán y Oriente Medio, con resultados insatisfactorios para mantener una posición de unipolaridad.

Entre los neutrales está Joseph Nye (emérito de la Kennedy School of Government de Harvard), cuyo argumento fundamental es que no puede hablarse de una estructura dominante en nuestros días, teniendo en cuenta la disparidad de temas y sectores que deben ser considerados para elaborar una categorización sobre la esencia de lo que significa ser considerado como una potencia, así como la pluralidad de actores en juego. Desde este punto de vista, el orden actual tendría componentes de unipolaridad, otros de bipolaridad y otros de multipolaridad que, según el propio Nye, son necesarios para afrontar problemas transnacionales o globales.

Este conjunto de reflexiones viene a coincidir en dos aspectos fundamentales para comprender el orden mundial en nuestro tiempo. La primera es que la polaridad es un concepto complejo de aplicar al entorno de las relaciones internacionales en la actualidad, porque la influencia proyectada desde un polo de poder con capacidad de atracción de otros distintos actores, que era la manera clásica de concebirse tal concepto, hoy está sujeta a una dinámica de interdependencia que la hace más permeable (líquida). Si tradicionalmente la polaridad se proyectaba a través de un paraguas de seguridad, de unos compromisos de cooperación económica o de una influencia cultural dominante, hoy la polaridad depende de factores como el dominio y el control del ciberespacio, la deslocalización empresarial, la competencia comercial, los movimientos masivos de población, la expansión de las pandemias o la diversificación de fuentes energéticas. Es decir, de factores globales para los cuales la acción de un polo hegemónico no es suficiente ni posible, como tampoco lo es la acción conjunta multilateral heredada de un orden anterior, menos interconectado. Pero al mismo tiempo, estas relaciones asimétricas, más complejas e interconectadas, impiden de momento reconocer una estructura multipolar mínimamente definida.

Por todas estas razones, algunos expertos abogan por la elaboración de nuevos conceptos como es el de heteropolaridad, es decir, una estructura que integra la compleja distribución del poder en la actualidad en distintos ámbitos donde conviven y rivalizan las estructuras unipolares, bipolares o multipolares. O como es el concepto de desorden multipolar. O como el que plantea el vicedecano de la Escuela de Asuntos Públicos e Internacionales de Princeton, Miguel Centeno, que no concibe ya una idea de polaridad, sino de una nueva metáfora conceptual para comprender la atracción y rechazo de los actores internacionales a partir de un conjunto de sistemas solares en torno a los cuales giran las relaciones multidimensionales.

En resumen, si los especialistas y teóricos no son capaces de describir el orden mundial en la actualidad, ni hay acuerdos y compromisos que lo definan ni hay un suficiente consenso conceptual para poder ser definido, la conclusión parece evidente: el orden internacional no es definible en este momento, y si no lo es, resulta aún más complicado establecer su futura configuración.

Es destacable en este sentido la proliferación de resultados de investigaciones teóricas, seminarios y reuniones que se generan en torno a esta cuestión. Por citar otro ejemplo relevante, el Center for Preventive Action del CFR publicó un *paper* de discusión, en una serie en torno a la gestión del desorden global, titulado "Perspectives on a Changing World Order"[64], en junio de 2020, donde aparece reflejada esta pluralidad de interpretaciones.

El coordinador del *paper*, Paul B. Stares, comienza señalando que el momento actual se define como transicional o como un pivote para el cambio de era. Argumento, como

---

64. Stares P. *et al.* "Perspectives on a Changing World Order", *Discussion Paper Seires on Managing Global Disorder*, 1, Center for Preventive Action. Council of Foreign Relations, junio de 2020, disponible en https://lc.cx/X4Nlcn.

vimos, definido en términos parecidos por Rafael Calduch y que Stares compara con otros periodos similares en el siglo XX, en concreto en los años 1913-1920, 1938-1947 y 1988-1994, provocados por las dos guerras mundiales y por la eclosión del bloque comunista en Europa. Como el resto de los autores, admite el final del orden liberal posterior a la denominada Guerra Fría y en su caso reconoce la competición estratégica entre grandes potencias como el modelo para comprender mejor la situación de transición. No da por extinguido el orden anterior, porque distintos parámetros institucionales y de comportamiento internacional se mantienen, pero advierte sobre el creciente riesgo de confrontación entre alguna de las grandes potencias. Además, propone una revisión o reforma del orden a partir de un consenso negociador, basado en el respeto de las soberanías, la integridad territorial y la no intervención en asuntos domésticos que propicie la coexistencia y el beneficio mutuo y reduzca la posibilidad de conflicto: "The goal should be to create a stable and mutually beneficial understanding that accepts the reality of strategic competition as well as the imperative of coexistence"[65].

Quingguo Jia, por su parte, aboga por una reforma del orden actual, con la participación por los nuevos actores, que parta del reconocimiento de los beneficios que el orden actual, aún vigente parcialmente, ha generado en el conjunto de la sociedad internacional. El problema, en su análisis, se encuentra en que, en el origen del orden actual, el final de la Segunda Guerra Mundial, Estados Unidos emergió como potencia determinante y tal situación se tradujo en una serie de normas, reglas e instituciones establecidas y diseñadas desde la óptica unilateral norteamericana, lo cual resulta hoy inviable en un mundo

65. "El objetivo debe ser crear un entendimiento estable y mutuamente beneficioso que acepte la realidad de la competencia estratégica, así como el imperativo de la coexistencia". *Op. cit.* en cita 63, p. 5.

con distintos actores e intereses. La reforma normativa e institucional necesaria debe incluir a las nuevas potencias y Estados que intervienen en la dinámica actual, y la cooperación debe ser la guía de trabajo en las negociaciones y en la futura dinámica, para evitar la colisión de intereses de las grandes potencias: "The world order is evolving, but most established institutions and norms will likely remain. The United States will stay a leading power but could be less dominant"[66].

Nathalie Tocci enlaza la crisis del orden con la crisis del proyecto europeo, en concreto con el desgaste del multilateralismo en procesos político-económicos como el creciente nacionalismo y proteccionismo, y en circunstancias tan excepcionales como lo ha sido la pandemia. Sin embargo, considera que la reforma del orden no pasa por la multipolaridad de las grandes potencias, que puede tornarse en un enfrentamiento entre ellas, sino por una revitalización del multilateralismo, empezando por la propia Unión Europea. En concreto en tres ámbitos: un mayor compromiso y desembolso en organizaciones multilaterales y mayor actividad regionalizada; una política exterior coordinada en foros y organismos; y una estrategia más flexibilizada para afrontar desafíos como es la digitalización a partir de marcos minilaterales con proyección multilateral: "The liberal international order may not survive, but what follows is not predetermined; it does not have to mean the end of the open, liberal values at the core of the European project"[67].

---

66. "El orden mundial está evolucionando, pero la mayoría de las instituciones y normas establecidas probablemente permanecerán. Estados Unidos seguirá siendo una potencia líder, pero podría ser menos dominante". *Op. cit.* en cita 63, p. 11.
67. "Puede que el orden internacional liberal no sobreviva, pero lo que sigue no está predeterminado; no tiene por qué significar el fin de los valores abiertos y liberales que son el núcleo del proyecto europeo". *Op. cit.* en cita 63, p. 14.

Dhruva Jaishankar, al referirse en concreto a la visión de India, expone un planteamiento multipolar en el cual las potencias emergentes tengan un papel activo para habilitar un marco más adecuado a la redistribución del poder y a la futura evolución de las relaciones internacionales, cada vez menos influidas por Occidente y más abiertas a distintas tendencias de cambio. En su opinión, los tres ámbitos fundamentales para que se establezca un orden mundial son la gobernanza compartida de los bienes denominados comunes (globales); la negociación económica y comercial entre Estados; y la gestión de la paz y la seguridad a partir de acuerdos de desarme, intercambios de información y participación en alianzas y coaliciones multilaterales: "India and other liked-minded states should manage a multipolar world by establishing and enforcing multilateral agreements to foster new norms and thereby revitalize, not replace, the international order"[68].

Finalmente, Andrey Kortunov afirma que el mundo vive un periodo de mayor volatilidad e incertidumbre, por lo que será necesario construir un consenso para abordar problemas globales y para diseñar un nuevo régimen de reglas y normas, que a su vez necesitará contar con los actores que han emergido de las esferas semiperiféricas en la etapa anterior, Brasil, India, China y Rusia, que son las mejor preparadas para establecer enlaces entre la esfera central tradicional y los países miembros de las esferas periféricas. Para establecer esa cadena de enlaces, en su opinión, habría que recuperar conceptos como el de zonas de influencia: "Future states may not recognize the concept of spheres of influence but will have to accept implicitly the notion of spheres of special sensitivity for the major

68. "India y otros Estados con ideas afines deberían gestionar un mundo multipolar estableciendo y haciendo cumplir acuerdos multilaterales para fomentar nuevas normas y así revitalizar, no reemplazar, el orden internacional". *Op. cit.* en cita 63, p. 23.

powers. This acceptance would decrease the risk of a direct military colision between major powers"[69].

5.2. ORDEN LIBERAL EN COMPETICIÓN

En la obra *Understanding the current international order*, los autores reconocen como un objetivo recurrente en la estrategia exterior de Estados Unidos, desde el final de la Segunda Guerra Mundial, el de la creación de un orden liberal que promueva los intereses estadounidenses. La idea aparece por primera vez en el documento *National Security Council (NSC) Report 68*: "The US face the fact that in the shrinking world the absence of order among nations is becoming les and les tolerable"[70], en pleno despliegue de la doctrina de contención. Y se matiza en el marco del orden bipolar: "There is a basic conflict between the idea of freedom under a government of law and the idea of slavery under the grim oligarchy of the Kremlin… It is only by political affirmation, abroad as well as at home, of our essential values, that we can preserve our own integrity"[71].

La idea del orden que parte desde Estados Unidos tiene un doble objetivo desde su origen, el de defender mejor los intereses nacionales y el de construir un orden en

69. "Es posible que los Estados futuros no reconozcan el concepto de esferas de influencia, pero tendrán que aceptar implícitamente la noción de esferas de especial sensibilidad para las principales potencias. Esta aceptación disminuiría el riesgo de una colisión militar directa entre las principales potencias". *Op. cit.* en cita 63, p. 27.

70. "Estados Unidos se enfrenta al hecho de que en un mundo cada vez más reducido, la ausencia de orden entre las naciones es cada vez menos tolerable". *Op. cit.* en cita 13, p. 1.

71. "Existe un conflicto básico entre la idea de libertad bajo un Gobierno de derecho y la idea de esclavitud bajo la sombría oligarquía del Kremlin […]. Solo mediante la afirmación política, tanto en el extranjero como en el interior, de nuestros valores esenciales, podremos preservar nuestra propia integridad". *Op. cit.* en cita 13, p. 1.

torno a los valores liberales para desarrollar un marco de convivencia internacional más beneficioso y con capacidad de atracción en otros países: "The order's legitimacy rests on states believing that participation in the order benefits then directly, and this believe is shaken by various economic and social trends"[72]. Y esa ambiciosa estrategia puede llevarse a cabo mediante la promoción de un orden que no sea monolítico y se construya a partir de subórdenes (económico, político y de seguridad) variables.

Los documentos de seguridad nacional han ido perfilando y adaptando la naturaleza del orden en cada periodo, aunque manteniendo su fundamento en los principios liberales y en la estructura de soberanías existente y sujeta al derecho internacional. Este orden internacional, liderado por Estados Unidos, se ha articulado a partir de cuatro pilares: la regulación de la libertad de comercio; la construcción de alianzas fuertes y el mantenimiento del liderazgo en las capacidades militares; la cooperación multilateral; y la promoción y proyección de la democracia.

Los autores exponen en este trabajo la convicción de las administraciones de Estados Unidos sobre los beneficios de haber cimentado su poder internacional a partir de las políticas y acciones encaminadas a defender y fortalecer ese orden. Y lo demuestran con el análisis de los textos oficiales y con las reflexiones de expertos de distintas escuelas doctrinales e investigadores de las relaciones internacionales. Y, en segundo lugar, plantean una serie de riesgos concretos que ponen en riesgo la continuidad del orden actual y la posibilidad de que pueda seguir manteniéndose y proyectándose en el futuro: las nuevas amenazas adaptadas a nuestro tiempo (nacionalismo, poderes

72. "La legitimidad del orden se basa en que los Estados crean que la participación en él los beneficia directamente, y esta creencia se ve sacudida por diversas tendencias económicas y sociales". *Op. cit.* en cita 13, p. 3.

agresivos regionales, redistribución del poder); el creciente desorden provocado por la proliferación de centros de poder con capacidad de atracción; la limitación de la cooperación, condicionada por la interdependencia económica de los actores; el desafío de las potencias revisionistas hacia aspectos específicos del orden; y la indefinición del orden y la divergencia en sus interpretaciones.

Por esta razón, parece oportuno analizar cuál es la posición oficial de Estados Unidos y su estrategia ante estas dos situaciones: la defensa del orden existente y los riesgos que lo amenazan. Para ello, vamos a analizar el último documento de la Estrategia de Seguridad Nacional, publicado en 2022 por la Casa Blanca[73].

El gran desafío que plantea el futuro para Estados Unidos puede resumirse en la convergencia de dos objetivos: el de liderar en las mejores condiciones la competición entre grandes potencias que definen el orden internacional en proceso de reconfiguración, y el de hacer frente a los problemas globales que atraviesan las fronteras de las soberanías estatales y los intereses geopolíticos. Entre otros, el cambio climático, las enfermedades pandémicas, el entramado criminal causante del tráfico de drogas, personas y productos no regulados, y los desequilibrios económicos consecuencia de las alteraciones provocadas por la inflación, la especulación, la corrupción o por la utilización de recursos energéticos.

Ambos desafíos son consecuencia de distintas tendencias demográficas (desequilibrios y migraciones), tecnológicas (digitalización y cuarta revolución industrial), políticas (autocracias y populismos) y económicas

73. Parte de este análisis está publicado por Peredo Pombo, J. M. "La estrategia de Seguridad de Estados Unidos en 2022: liderazgo entre potencias en un orden mejor coaligado. Una oportunidad para España", en *Boletín de Opinión*, 14, Instituto Español de Estudios Estratégicos, Ministerio de Defensa, Madrid, 2023, disponible en https://lc.cx/zYtsiR.

(globalización y reconfiguración de la estructura de poder económico) que se han consolidado en el siglo XXI. Y, por consiguiente, la estrategia puede considerarse en principio como continuista con los documentos anteriores (Estrategia de 2017), que advertían sobre un cambio sustancial de orientación en los planes de las últimas décadas.

La principal novedad del texto de 2022 radica en el impulso a la idea de la viabilidad de Estados Unidos como potencia central, e imprescindible, en el nuevo orden de potencias competitivas. Idea que se establece como el motor para consolidar la transformación integral de la política exterior norteamericana, fortaleciendo y modernizando sus recursos, e integrando en ella a los países aliados y a otra serie de países coaligados para la consecución de objetivos regionales, sectoriales o de otra nueva naturaleza. Y una segunda novedad es el establecimiento de un periodo concreto, una década, para consumar este proceso de transformación, que permita asumir los hipotéticos cambios aún más significativos que pudieran producirse en los años siguientes, como consecuencia de la evolución tecnológica y política cuyas dimensiones se perciben, aunque no se plantean ni se definen en su totalidad, porque no están al alcance de identificarse e incorporarse en una visión estratégica realista, a día de hoy.

Aun cuando el papel de Rusia en cualquier orden multipolar será importante, especialmente en Europa central, el documento estadounidense considera a Rusia como una potencia sin posibilidad de rivalizar a nivel global con Estados Unidos. Mientras que China vuelve a identificarse como el único actor capaz de desafiar geopolíticamente a la potencia americana: "China is the only competitor"[74]. Aunque la estrategia refuerza la idea de que ambas potencias globales pueden coexistir, para lo cual la próxima década será decisiva.

74. "China es el único competidor".

Estados Unidos diseña una estrategia de doble orientación hacia China. Por un lado, tender la mano a la colaboración en materias como el clima, la salud o el establecimiento de marcos de negociación comercial y económica. Y, por otro, fortalecer una estrategia de disuasión ante cualquier agresión a países aliados y de no permitir acciones unilaterales hacia Taiwán o que generen inestabilidad en el estrecho de Taiwán. Igualmente, Estados Unidos reconoce a Irán y a Corea del Norte como dos actores desestabilizadores de sus respectivos entornos regionales y establece medidas para prevenir acciones contra los aliados en cada caso, así como una política reforzada en materia de no proliferación nuclear.

Tal y como hemos intentado explicar en este trabajo, en un orden de potencias no existe una potencia hegemónica. Si acaso existe una potencia dominante o con mayor capacidad que el resto para ejercer el liderazgo. Y para ello, las alianzas son imprescindibles para la nueva estrategia de seguridad de Estados Unidos. Las referencias frecuentes a las coaliciones aumentan el protagonismo de esta interpretación del nuevo orden. Estados Unidos pide y ofrece a los países más cercanos la oportunidad de compartir la construcción de un nuevo orden más estable y más pacífico. La estrategia de la nueva administración demócrata pide compromisos a los aliados para levantar un muro contra la involución, y ofrece a cambio su voluntad de comprender mejor la naturaleza y sentido de los intereses que cada Estado o región demanda o propone. La mano invisible del liberalismo en un entorno globalizado y correctamente regulado: "We do not believe that governments and societies everywhere must be remade in America's image for us to be secure"[75].

---

75. "No creemos que los Gobiernos y las sociedades de todo el mundo deban rehacerse a la imagen de Estados Unidos para que estemos seguros". *Op. cit.* en cita 70, p. 16.

El documento reconoce que la democracia, y el régimen liberal de igualdad de cada persona ante la ley, no puede ser impuesto por la fuerza. La democracia es una forma de gobierno y no un sistema moral. No puede prevalecer como un conjunto de valores moralmente superiores, sino como un modo de contrastar la fuerza y proyección de cada sistema de valores dentro de un orden multipolar abierto y competitivo. No es un fin, sino un método político que ahora afronta una etapa nueva.

Por esta razón, entre otras, la nueva estrategia de seguridad no se circunscribe a las alianzas tradicionales (OTAN), las de más reciente creación en el Indo-Pacífico (Quad, Aukus) o a los acuerdos bilaterales ya establecidos, sino que, aun destacando la prioridad de potenciar los compromisos con todos estos entramados de defensa multilateral o bilateral, señala como uno de los tres principales esfuerzos para la próxima década el de "build the strongest posible coalition of nations to enhance our collective to shape the global strategic environment and to solve shared challenges"[76]. El concepto de disuasión integrada aparece como prioridad junto al de actualización de la disuasión nuclear, y también junto a la idea de priorizar los conceptos operacionales.

En ese orden internacional más coaligado, las organizaciones internacionales de cooperación en materia de económica, humanitaria o en la defensa de los derechos humanos se conciben también como instrumentos válidos para contribuir a la seguridad. El documento estratégico resalta los beneficios que han generado la Carta de las Naciones Unidas y la Declaración Universal de los Derechos Humanos para el progreso global, y por tanto considera que la labor de las organizaciones multilaterales sigue

76. "Construir la coalición de naciones más fuerte posible para mejorar nuestro colectivo, dar forma al entorno estratégico global y resolver desafíos compartidos". *Op. cit.* en cita 70, p. 11.

siendo imprescindible para reformar el orden actual y adaptarlo al nuevo marco global de transformación. Estados Unidos apuesta por la continuidad de organismos que considera como parte activa de las relaciones internacionales desde la segunda mitad del siglo pasado, y que han producido avances sustanciales en la construcción de un entorno mundial más seguro, basado en grandes principios y acuerdos de convivencia internacional.

Además del entramado de organizaciones internacionales, alianzas y nuevas coaliciones, la estrategia de seguridad estadounidense pone el foco en las empresas y en la colaboración público-privada para abordar la transformación tecnológica y de sectores críticos como la energía, las infraestructuras o la industria de defensa. Y convoca a los sectores privados para desarrollar proyectos de inversión e innovación que incorporen una orientación estratégica para que el liderazgo de Estados Unidos se prolongue y se vea fortalecido los próximos años en materias como la ciberseguridad, la computación avanzada, los semiconductores, la siguiente generación de las comunicaciones, la energía limpia o la biotecnología. Una innovación concebida de forma más estratégica, pero apoyada también por la inversión pública. "Markets alone cannot respond to the rapid pace of technological change"[77], dice el documento, resaltando que para competir con grandes potencias como China (o India) y mantener el liderazgo tecnológico, el esfuerzo de las empresas y su compromiso con la seguridad debe ensamblarse con las necesidades y retos del inminente futuro. "Invest in the sources and tools of American power and influence"[78] es la primera línea de acción que señala el documento e incluye, naturalmente, la inversión en educación y la formación de

77. "Los mercados por sí solos no pueden responder al rápido ritmo del cambio tecnológico". *Op. cit.* en cita 70, p. 14.

78. "Invertir en las fuentes y herramientas del poder y la influencia estadounidenses". *Op. cit.* en cita 70, p. 8.

equipos del más alto nivel en ciencia, tecnología y STEM. No en vano, las políticas de defensa y seguridad se conciben en seis dominios, que incluyen el ciberespacio y el dominio cognitivo, para los cuales hay que generar conocimiento y formar profesionales altamente competentes dentro y fuera de las fuerzas armadas.

Además, la complejidad de las relaciones internacionales es creciente y ha alcanzado unas dimensiones hasta ahora desconocidas. El número de actores se ha multiplicado en los últimos años e incluye, además de a las grandes potencias, a potencias medias, economías emergentes, grandes empresas, pequeños Estados, corporaciones científicas, fondos de inversión y *new media*. La estrategia americana ve en ese nuevo espacio, también cibernético, una oportunidad y un aprendizaje para establecer vínculos de cooperación, que puede también materializarse en proyectos concretos o en el tratamiento conjunto de problemas globales, incluso con países rivales. Aunque la cooperación debe reforzarse y profundizarse con las democracias y los países más cercanos en sus intereses, valores y visiones sobre la seguridad internacional.

Sin embargo, esta complejidad para concebir una seguridad multidominio y multidimensional no oculta la raíz geopolítica del poder dentro del orden internacional, cuyos objetivos, recogidos en el documento de manera resumida, serían los siguientes: una región Indo-Pacífico libre y abierta; una alianza más profunda con Europa y sus Gobiernos e instituciones democráticos; una democracia más fuerte y una prosperidad mejor compartida en el hemisferio occidental; el apoyo a la desescalada de la violencia y a una mayor integración en Oriente Medio; la construcción de un nuevo partenariado Estados Unidos-África con Estados de mayor dimensión, y una seguridad más específica en Estados de alto riesgo terrorista o en conflicto; un entorno pacífico para el Ártico; y la protección de los mares.

La Estrategia de Seguridad de 2022 puede calificarse como pragmática y adaptable a un mundo en proceso de cambio permanente. Precisamente, reconoce la necesidad de readaptar el paradigma de la globalización mediante la nacionalización de la producción crítica, la regulación de nuevos mercados y la mejora de la equidad. Para ello, Washington apuesta por fortalecer a los ciudadanos y a sus instituciones que se fundamentan en principios como el pluralismo político y la inclusión social, los cuales, según el propio texto indica, son la base de su éxito como nación. Unos principios liberales sólidos, pero con una estrategia realista para modernizar su poder militar y adaptarlo al marco competitivo actual y futuro. Fortaleciendo su industria, su capacidad de resiliencia y su innovación tecnológica: "The dividing line between foreign policy and domestic policy is definitely broken"[79].

79. "La línea divisoria entre política exterior y política interior está definitivamente rota". *Op. cit.* en cita 70, p. 11.

6. DESAFÍOS Y CONCLUSIONES

La complejidad del orden y el orden de la complejidad. Esta podría ser la conclusión de este trabajo, cuyo objetivo principal es el de comprender mejor ambos conceptos para contribuir al diseño de unas estrategias sólidas que puedan afrontar ambos desafíos. Porque más allá de esta conclusión de carácter sintético, resulta evidente que no puede hablarse de la existencia de un orden mundial en este momento, precisamente porque la complejidad del entorno impide tal consideración y determinación[80].

Una segunda conclusión que puede extraerse de este breve repaso histórico conceptual es la de que la complejidad del ámbito internacional se reproduce históricamente de manera creciente, porque a la herencia de conflictos y de tendencias de una etapa anterior se suma o multiplica el impacto de nuevas tecnologías y tendencias económicas, sociales y culturales. La diferencia fundamental en este caso es que el desorden provocado por la complejidad

80. Para realizar una lectura que complete las perspectivas expuestas, y seguir profundizando en la comprensión de estas cuestiones, José Enrique Ruiz Doménech, en la amable revisión que ha realizado del presente trabajo, sugiere la obra de Mazower, M. *Governing the world. The history of an idea*, Penguin Press, Nueva York, 2012.

actual no ha derivado en un conflicto abierto ni en el establecimiento de bloques antagónicos. Más bien al contrario, la complejidad de relaciones obliga a un entendimiento que no ponga en riesgo a regímenes o Estados concretos o al conjunto de la sociedad internacional.

La tercera conclusión podría tener una orientación optimista en el sentido de que la experiencia compartida por los principales actores y por el conjunto de la sociedad en torno a los beneficios de un sistema regulado de intercambios, y con decreciente nivel de confrontación, permite una mejora de las condiciones económicas y una mayor colaboración en materias y problemas comunes o globales. Mientras que las experiencias históricas de desregulación incontrolada o de limitación de intercambios y creciente nivel de confrontación dificultan el progreso económico y bloquean las estructuras políticas de cooperación.

Si bien estas conclusiones son muy generales, como es propio de un tema que está vivo y permanece abierto a las reflexiones, sí puede establecerse algún desafío, no tanto a modo de conclusión, sino más bien a modo de fórmula para recalcar la existencia de algunos riesgos que deben ser observados en cualquier estrategia. El primero de los desafíos es el de la reconfiguración teórica y política del concepto de potencia y de actor estratégico. La pluralidad de Estados y potencias con aspiraciones y objetivos de mayor dimensión que las que tiene en la actualidad obliga a reflexionar sobre donde quiere estar cada actor y donde debe situarse a los actores rivales y aliados. Para abordar la cuestión con un ejemplo, la potencialidad de países emergentes como India o Brasil, basada en algunas características tradicionales como la dimensión geográfica, demográfica o económica, no puede ser valorada correctamente si no se analiza su experiencia política en entornos regionales o globales, o su experiencia histórica. En otros casos, Turquía, España, Reino Unido o Francia, que aportan una experiencia extraordinaria en términos históricos y una notable preparación de sus cuadros diplomáticos o militares, su vinculación nacional a entornos supranacionales como la Unión Europea o alianzas como la OTAN u otras, limita su capacidad de actuación o distorsiona la capacidad de actuación de las propias organizaciones, condicionadas por la pluralidad de intereses particulares. En otros casos, la dimensión regional del actor estratégico, Marruecos o Israel, le obliga a permanecer enlazado a una potencia o alianza que garantice su seguridad. Para resolver tales situaciones habría que valorar cuestiones como el grado de desarrollo político a nivel internacional, los niveles de cohesión interna, la estabilidad y alternancia de los liderazgos, entre otros. Es decir, la credibilidad y la confianza vuelven a ser elementos (valores) que sirven para garantizar la viabilidad de un actor estratégico.

En segundo lugar, la pugna planteada entre potencias y actores democráticos, y por tanto con mayor transparencia e instrumentos para el control de la acción política, con otros actores con sistemas políticos cerrados o autocráticos, menos permeables a la evaluación internacional y de la opinión pública, deriva en una incertidumbre mutua. Unos al sentirse condicionados en sus decisiones por un sistema muy volátil en ocasiones, y otros al sentirse muy influidos por un sistema rival más atractivo. La solución no resulta fácil, pero sí necesaria. Las democracias pueden mejorar sus niveles de lucha contra la corrupción y sus niveles de cohesión interna. Las autocracias pueden mejorar sus niveles de apertura y representación. Es muy improbable que tendencias como el respeto por la diversidad o la vigilancia internacional de los derechos humanos tiendan a reducirse en un mundo abierto, en movimiento y digitalizado.

En tercer lugar, el compromiso con la seguridad no puede externalizarse a grandes potencias o, llegado el caso, a grupos mercenarios. La militarización no es una tendencia saludable, pero la utilización de la tecnología para fines relacionados con la defensa y la seguridad no es un obstáculo para la generación de un orden estable, en el cual un actor estratégico debe participar activamente. La seguridad integral es un principio compartido por la comunidad internacional, de igual manera que lo es la investigación y la ciencia como ámbitos del progreso compartido. El impulso de proyectos público-privados de expansión de la seguridad en los seis dominios que existen en la actualidad es un camino de progreso, siempre que vaya acompañado de organismos y sistemas reguladores, acuerdos de control y limitación de armamentos.

Por último, la implicación de sectores privados como universidades y centros de investigación, empresas y grandes corporaciones, así como un denominado tercer sector que sea constructivo y no necesariamente deconstructor, es una exigencia para la construcción de un orden global. Las tendencias referidas en este trabajo como la sostenibilidad, el respeto por la diversidad, la cooperación educativa y sanitaria, y la necesaria protección de los bienes comunes obligan a una acción compartida con objetivos estratégicos. La obtención del máximo beneficio corporativo, la acumulación especulativa de capital y la defensa de los intereses nacionales de forma autónoma, así como la imposición de ideologías totalitarias, son tendencias heredadas de idearios y sistemas de valores procedentes de etapas históricas anteriores. Un nuevo orden global implica la puesta en marcha de planteamientos que reconozcan la existencia de un proyecto de convivencia para la humanidad que impacte en todas las culturas, con criterios de equidad y con respeto a sus creencias. Que incida en cada persona, reconocida como libre e igual en los sistemas políticos liberales, y respetada en su dignidad en cualquier otro sistema.

AGRADECIMIENTOS

A mi mujer, Marga, por su cariño y por todo el tiempo que le he robado.

A Pablo, mi hijo, y a Magdalena, mi sobrina, por dedicar una parte de su juventud al estudio de las relaciones internacionales. Como le hubiera gustado a su abuelo.

A mi hermana Marta, mi amigo Riki y mi primo Toño, que escucharon con paciencia las primeras ideas de este libro y leyeron con resignación los primeros borradores. Les tocó a ellos, como a tantos familiares y amigos que me aconsejan cuando les envío mis artículos, animarme a continuar. Como hacían siempre Tote y Javier, que se fueron, como se fueron otros seres queridos, antes de tiempo.

A mi amiga Ruth y a mis compañeros y grandes amigos de la Universidad Europea de Madrid. Sin su apoyo y ayuda nunca hubiera podido avanzar en esta investigación, desde el equipo del área de Comunicación y Marketing, de Europea Media y de la Junta en la Facultad de Economía, Empresa y Comunicación.

A la Asociación Atlántica Española, coeditora del libro, con la que hemos puesto en marcha desde la Universidad Europea de Madrid y de Valencia la Cátedra de Seguridad Euroatlántica. A su presidente Adolfo Menéndez y a mi amigo Juan Casanueva, que nos presentó. Y al Instituto Español de Estudios Estratégicos que ha apoyado el proyecto y publicado distintos resultados.

Al coronel de Infantería de Marina Enrique Fojón, con quien contrasté en largas conversaciones el contenido del trabajo, como también hago con mis colegas Rafael Calduch y Felipe Sahagún, maestros de la Universidad Complutense de Madrid. Y a Javier Fernández Arribas, director de la revista *Atalayar*, con quien colaboro desde hace años. Al profesor Josep Baqués, que emitió algunos juicios críticos sobre las primeras versiones. Igual que hizo el historiador José Enrique Ruiz Doménech. Y a mi amigo Antón Arriola, que corrigió la redacción del primer boceto.

A Milagrito, mi madrina, por haber esperado a que terminara este libro para empezar a leerlo.

BIBLIOGRAFÍA

ALIGHIERI, D. *Monarquía*, Tecnos, Madrid, 2009.

BAER, M. D. *The Otomans*, Basic Books, Londres, 2012

BAQUÉS, J. y FOJÓN, E. *La realidad geopolítica de España: hacia el status de actor estratégico*. UNED, Madrid, 2020.

BARKER, E. "El concepto de imperio" en C. Bailey, *El Legado de Roma*, Ediciones Pegaso, Madrid, 1944.

BEARD, A. *SPQR: a History of ancient Rome*, Profile Books LTD, Londres, 2015.

BERGIN, J. (coord.). *Historia de Europa Oxford: el siglo XVII*, Crítica, Barcelona, 2002.

BULL, H. *The Anarquical Society*, Macmillan International and Red Globe Press, Reino Unido, 2019, cuarta edición.

BUZAN, B. y LAWSON, G. *The global transformation*, Cambridge University Press, Cambridge, 2015.

CALDUCH, R. *Relaciones Internacionales*, Ediciones de las Ciencias Sociales, Madrid, 1991.

CICERÓN, M. T. *Discursos I y II*, Biblioteca Clásica Gredos, Madrid, 1990.

ELLIOT, J. H. *Imperial Spain (1469-1716)*, Penguin Books, Londres, 1990.

FOJÓN, E. "La era de competición estratégica global: España una cuestión de identidad", en *Global Strategy*, 2020, disponible en https://lc.cx/pSKX3g.

Gaddis, J. L. *On Grand Strategy*, Penguin Random House, Londres, 2018.

Heather, P. y Rapley, J. *¿Por qué caen los imperios?*, Desperta Ferro Ediciones, Madrid, 2023.

Hobsbawm, E. *La era de la revolución (1789-1848). La era del capital (1848-1875). La era del imperio (1875-1914)*, Crítica, Barcelona, 2012, décima impresión junio de 2022.

Ikenberry, G. J. *Liberal Leviathan: the origins, crisis and transformation of the American world order*, Princeton University Press, Princeton, 2011.

Judt, T. *Postguerra*, Taurus, Barcelona, 2006, decimoséptima reimpresión, mayo de 2022.

Kissinger, H. *World Order*, Penguin Press, Nueva York, 2014.

Lascurettes, K. y Poznansky, M. "International Order in theory and practice" en *International Studies Association and Oxford University Press*, 2021, disponible en https://lc.cx/3t56qw.

Mazarr, M. J. *et al. Understanding the current international order*, Rand Corporation, Santa Mónica, 2016.

Mazower, M. *Governing the world. The history of an idea*, Penguin Press, Nueva York, 2012.

Muldoon, J. *Empire and Order*, Macmillan Press, Nueva York, 1999.

Parrott, D. "Guerra y Relaciones Internacionales" en J. Bergin, *Historia de Europa Oxford: el siglo XVII*, Editorial Crítica, Barcelona, 2002.

Peredo Pombo, J. M. "Las democracias liberales y el orden internacional" en G. Brochner, A. J. Pinto Tortosa y D. Sansó-Rubert Pascual, *¿Hacia un nuevo telón de acero?: 30 años de geopolítica en la guerra fría*, Tirant Lo Blanch, Valencia, 2023, pp. 34-62.

— "La estrategia de Seguridad de Estados Unidos en 2022: liderazgo entre potencias en un orden mejor coaligado. Una oportunidad para España", en *Boletín de Opinión*, 14, Instituto Español de Estudios Estratégicos, Ministerio de Defensa, Madrid, 2023, disponible en https://lc.cx/zYtsiR.

Renouvin, P. *Historia de las Relaciones Internacionales*, Akal, Madrid, 1990, segunda edición.

Ruiz Doménech, J. E. *España, una nueva historia*, RBA Libros, Barcelona, 2009.

— *El sueño de Ulises*, Taurus, Madrid, 2022.

Stares, P. *et al*. "Perspectives on a Changing World Order", *Discussion Paper Seires on Managing Global Disorder*, 1, Center for Preventive Action. Council of Foreign Relations, junio de 2020, disponible en https://lc.cx/X4Nlcn.

Uzcanga Meinecke, F. *La simbiosis imposible. Escritores judíos en la Alemania de entreguerras*, Báltica, Madrid, 2024.

Vitoria, F. *Sobre el poder civil. Sobre los indios. Sobre el derecho a la guerra*, Tecnos, Madrid, 2012.

Waltz, K. N. *Theory of international politics*, Addison-Wesley, Reading (Massachusetts), 1979.

Wright, T. *Paul, a biography*, SPCK, Londres, 2020.

Xuetong, Y. *Leadership and the rise of Great Powers*, Princeton University Press, Princeton, 2019.

Zorgbibe, C. *Historia de las Relaciones Internacionales II: Del sistema de Yalta hasta nuestros días*, Alianza Editorial, Madrid, 1997.